本当においしい
生地作り

madeleine(マドレーヌ)お菓子教室の
作るのが楽しくなる洋菓子レシピ54

佐藤弘子

はじめに

家庭菓子の豊かさを伝えたいと思い、
お菓子教室を開いて18年になります。

教室で、一年でいちばん力を入れてきたのが、
手で泡立てるスポンジ生地の回です。

「手で泡立てるなんて大変！」と思われるかもしれませんが、これがとても楽しいのです。
やり方さえ覚えてしまえば、大変ではありません。
昔のケーキ屋さんはみんなやっていたことなんですよ。

手で泡立てたスポンジは、ふんわり、しっとり、やわらかくてやさしい味わい。
「これだけでごちそうですね」と生徒さんが言うほど、おいしいんです。

おいしい生地を作ることはお菓子作りの基本です。
この本では、シンプルな材料で気軽に作れるお菓子のレシピを集めました。
少量の生地を、手でも、機械でも、同じようにおいしく作れるようお教えします。

どれかひとつを上手に作りたいと思ったら、
納得するまで同じものを作ってみてください。
お菓子は作りこむことが何より大切です。
自分のものにできたら、きっと楽しいと思います。

どうぞ、たくさん作ってくださいね。

マドレーヌお菓子教室
佐藤 弘子

Contents

はじめに 3
材料について 6
各レシピおすすめの材料 7
いちごジャムの作り方 7
生姜の甘煮の作り方 7
道具について 8
道具の使い方 9
型と紙について 10
スポンジのスライス方法 17
シロップの作り方 17
ホイップの泡立て方 21
カスタードクリームの作り方 21
メレンゲの泡立て方 38
バタークリームの作り方 39
ドライフルーツの洋酒漬けの作り方 61
クランブルの作り方 91
オーブンのヒント 94

本書のレシピについて
・使用するオーブンによって焼き時間や温度が異なります。レシピを目安に、様子を見ながら加減してください。
・本書で掲載しているオーブンの温度と焼き時間は、レシピの分量で作った場合です。
・本書では主に電気オーブンを使用しています。機種や季節によっても異なりますが、ガスオーブンを使う方は 10℃ほど低く設定してください。
・卵はMサイズ（50〜55g）を使用しています。g表示のあるものは、卵の分量を計量してください。
・混ぜる回数や秒数は目安です。
・純生クリームは、乳脂肪分 35〜37％と、45〜47％を使用。出来上がりの味が変わるので、レシピに合わせて使い分けてください。
・レシピ内の薄力粉は米粉に差し替えることができます。ただ味わいや食感が異なるため、まずはレシピ通りに作ることをおすすめします。
・レシピ内で出てくる「少々」は二つ指、「ひとつまみ」は三つ指で軽くつまんだ程度です。

01
基本の共立て生地 12

泡立て器で作るスポンジ 14
ハンドミキサーで作るスポンジ 16
素朴なカスタードショート 20
季節のフルーツショート 20
デコレーションショート 24
大人のショートケーキ 25
ジャムロールケーキ 28
レモンカップケーキ 29
ガナッシュケーキ 32
ふんわりショコラ 33
オレンジバターケーキ 34
さつまいものモンブラン 35

02
基本の別立て生地 36

パン・ド・カンパーニュ・ビスキー 37
洋梨ロールケーキ 41
プレーンシフォン 44
シナモンシフォン 46
ジンジャーシフォン 46
モカチョコシフォン 46
ミルクティーシフォンロール 47
とろける小倉ロール 49
とろける抹茶ロール 49
小麦粉なしのショコラロール 50
ふんわりパンケーキ 51
いちごとバナナのオムレット 53

03
基本のパウンド生地 54

バターケーキ 56
ブランデーケーキ 57
ホワイトチョコレートがけ 57
パイナップルとくるみのケーキ 59
フルーツケーキ 61
レモンバターケーキ 63
いちじくとラムのケーキ 63
キャラメルりんごケーキ 65
チョコバナナケーキ 66
くるみクグロフ 67

04
基本のマフィン生地 68

バニラマフィン 70
ブルーベリーとクリームチーズのマフィン 71
マンゴーとクリームチーズのマフィン 71
ピーナッツバターチョコチップマフィン 71
モッツァレラとベーコンのマフィン 72
抹茶大納言カップケーキ 73
マシュマロチョコケーキ 75
バタフライケーキ 77

05
かんたんおやつ 78

共立てカステラ 80
別立てカステラ 81
マドレーヌ 83
フィナンシェ 86
黒糖のフィナンシェ 87
パインココナッツのフィナンシェ 87
紅茶のフィナンシェ 87
ジャムクッキー 89
チョコサンドクッキー 89
レアチーズケーキ 91
みかんのムースケーキ 92
ぶどうのゼリーとババロワ 93

材料について

材料は近くのスーパーで手に入るもので十分です。なによりも大切なのは保管状態。開封したら、冷暗所で保管し、なるべく早く使い切ってください。

① 卵

Mサイズ（正味50〜55g）を使用。レシピによってはLサイズ（正味60g）または、余り卵白を足したグラム表記。卵は冷蔵庫で保管。

② 粉類

薄力粉　強力粉

スーパーで一般的に売られているものを使いました。粉類は保管状態が大事なので冷蔵庫や冷暗所で保管し、開封後は早めの使用を。強力粉はさらりとしているので、基本的に型にふるう粉として使用しています。

③ 牛乳

タカナシの「低温殺菌牛乳」を使用しました。普段おうちで飲んでいるもので十分です。豆乳で差し替えることができます。

④ 生クリーム

乳脂肪分45〜47%と35〜36%を使用。35〜36%は、泡立てるのに時間がかかるのでハンドミキサーを使ってください。加える砂糖はケーキによって10〜13%で調整しています。

⑤ 油分

バター　米油

無塩バターと米油を使用しています。高温で焼いても酸化しにくい米油を使っていますが、クセのない油であればいいので、好きなもので作ってください。

⑥ チョコレート

クーベルチュール　パータグラッセ

製菓用のクーベルチュールは大東カカオのカカオ分56%（スイート）を、コーティング用のパータグラッセは（スイート）と（ホワイト）を使用しています。冷暗所での保存を。

⑦ 砂糖

きび砂糖　グラニュー糖　てんさい糖　上白糖　三温糖

さらっとしたきび砂糖とグラニュー糖、てんさい糖はふるわずに使用でき、しっとりとした上白糖と三温糖は基本的にふるってから使います。茶系の砂糖は、コクと風味があります。白系の砂糖は、すっきりとしていて素材のよさを生かす仕上がりになります。厳密に使い分けなくても、白系の砂糖は白で、茶系は茶で代用してもいいです。

⑧ 塩

味のアクセントや引き締めに用います。細かく溶けやすい焼き塩を使用しています。

各レシピおすすめの材料

キルシュ（左）／クレーム・ド・フレーズ（右）
p.25の「大人のショートケーキ」で使用。クレーム・ド・フレーズに、ストロベリーリキュールです。

スキムミルク
p.46「モカチョコシフォン」で使用。パウダー状の森永乳業のものが使いやすくておすすめです。

インスタントコーヒー
p.46「モカチョコシフォン」で使用。溶けやすいネスレのインスタントコーヒーが使いやすいです。

つぶあん
p.49「とろける小倉ロール」で使用した井村屋の北海道小豆100％。適度に粒感があります。

抹茶
p.49「とろける抹茶ロール」とp.73「抹茶大納言カップケーキ」で使用した一保堂茶舗の「曙の白」。余った抹茶は冷凍庫で保存を。

ショートニング
p.67「くるみクグロフ」で使用したオーガニックのもの。少量の使用なので小分けパックが便利。

ワッフルシュガー
p.70「バニラマフィン」で使用したあられ糖。焼成後に飴状に固まり、独特の食感になります。

ピーナッツバター
p.71「ピーナッツバターチョコチップマフィン」で使用した「SKIPPY」のスーパーチャンク。

赤糖
p.87「黒糖のフィナンシェ」で黒糖として使用。苦味とえぐみの少ない「大東製糖」のもの。

いちごジャムの作り方

材料
いちご……100g ＊冷凍でも可。
グラニュー糖……50g
レモン汁……3g

作り方
1 いちごを半分にカットする。深めの鍋にいちごとグラニュー糖、レモン汁、水大さじ1（分量外）を入れて弱中火にかけて混ぜる。
2 沸いたら強中火で約2分煮詰めて火を止める。
3 クッキングペーパーで表面を覆い灰汁を取る。冷蔵庫で1ヶ月ほど保存可能。

・**ブルーベリーで作る場合**
ブルーベリー100g、グラニュー糖50g、レモン汁10gを用意し、いちごジャムと同様に作る。

・**フランボワーズで作る場合**
フランボワーズ100g、グラニュー糖50gを用意し、いちごジャムと同様に作る。

・**りんごで作る場合**
りんご2個（フジと紅玉各1個／正味約320g）の皮をむいて芯をとり、2〜3cm角にカットする。深めの鍋にりんごと水80gを入れて、蓋をして弱火にかけて7分煮る。りんごに少し透明感が出てきたら、グラニュー糖160gとレモン汁9gを加えて、強中火で2分煮て火を止める。冷蔵庫で1ヶ月ほど保存可能。
＊紅玉を使わないと煮崩れないので、すべてフジで作るときは、1/4量（約80g）を予めすりおろして使ってください。

生姜の甘煮の作り方
（p.46「ジンジャーシフォン」で使用）

材料　作りやすい分量
生姜……150g
ハチミツ……150g
水……75g

作り方
生姜は皮をむいて薄くスライスする。小鍋に生姜、ハチミツ、水を入れて、ゴムベラで全体を混ぜる。クッキングペーパーで落とし蓋をして、中火にかける。沸騰したら弱火にして、水分が減るまでゆっくり煮詰める。煮詰まったら落とし蓋をとり、さらに水分を飛ばして火からおろす。ボウルに移してラップをして冷ます。

＊ケーキに入れるほかに、紅茶に入れたり、フードプロセッサーにかけてパンに塗ってもおいしいです。生姜焼きやカレーなど、料理にも使えます。冷凍も可。

道具について

基本の道具がそろっていると、作業がラクになります。少しずつそろえていくのも楽しいですね。自分の使いやすい道具を見つけてください。

1 スケール

本書ではわかりやすくするため、基本的にグラム表記です。1g以下まで計れるデジタルスケールがあるととても便利です。

2 ボウル

ステンレス素材のものを主に使用。手で泡立てるときは浅めのもの、ハンドミキサーのときは深めのものを使用しています。

3 ざる

こしたり、粉をふるうときに使用。網目は細かすぎず粗すぎないものが理想です。砂糖をふるうときは、少し粗めのものが便利。

4 ハンドミキサー

パナソニックのものを使用。安価なものだと、モーターが弱く、羽根が小さいこともあり、レシピ表記より時間がかかることも。

5 泡立て器

大きすぎない手になじむサイズが使いやすいです。ほかにミニサイズの泡立て器があれば、ごく少量のときなどに便利。

6 ゴムベラ

ヘラの部分の面積が大きく、柄まで耐熱のオールインワンのものを使用しています。ミニサイズのものもあると便利。

7 回転台／デコレーションコーム

クリームをデコレーションするときに使用。安価なもので十分です。回転台があるとデコレーションコームが使えます。

8 刷毛

スポンジにシロップを塗るときに使用。シリコンやナイロン、山羊毛など様々ですが、今回は豚毛を使用しています。

9 パレットナイフ

クリームを塗るときと、シフォンを型から外すときなどに使用。大小サイズ違いであると便利。手になじむものを選びましょう。

10 絞り袋・口金

使い捨ての絞り袋で十分です。口金は星口金や丸口金があれば、デコレーションの幅がぐんと広がります。

道具の使い方

道具の使い方にはちょっとしたコツがあります。作る前にこれから紹介する使い方を一度マネしてみてください、粉の計り方もお伝えします。

粉の計り方

粉を計るときは、デジタルスケールにボウルとふるいをセットしてから計ると作業がスムーズです。ベーキングパウダーなどを混ぜるときは、このときに一緒に計ってしまいます(1)。計り終えたら、あとはふるうだけ(2)。

Memo

牛乳と油脂など同じタイミングで加えるものは、同じボウルに計っておくと、入れる手間も洗い物の手間も省けます。作業に合ったサイズのボウルを選んでください。

泡立て器の使い方

直線に動かす

直線を描くように混ぜます。このあとボウルの底の円に沿って、ぐるぐると動かすのを組み合わせるとよりよいです。メレンゲなどはこの混ぜ方です。

円を描くように泡立てる

縦に円を描くように泡立てます。ときどきボウルを回しながら、全体をまんべんなく泡立てます。肩の力を抜いてリズミカルに。

ゴムベラの混ぜ方

ボウルに沿って大きく混ぜます。混ぜはじめは、ダマになった生地や粉がゴムベラやボウルに残るのでそれを早めに落とします。生地を大きく動かすように、ゴムベラを動かしてください。ゴムベラで生地を細かくさわりすぎないように。

大きく混ぜる

ゴムベラを赤い矢印の方向へ動かしながら、ボウルを手前に回し、大きく混ぜていきます。

ボウルとゴムベラの端が密着しています。

混ぜ終わりは手が返っています。

細かく混ぜる

ボウルの底が見えるように、向こう→真ん中→手前の順に動かし、混ぜ残しがないか確認します。

型と紙
について

簡単に手に入る型を使用しました。様々な型があるので、慣れたら好きな型を使って楽しんでください。それぞれの型の紙の敷き方をお伝えします。

わらばん紙　　　クッキングペーパー

・使用する紙

型に敷く紙は、わらばん紙とクッキングペーパーを使用しています。
わらばん紙→オーブンで普通に焼くときに使用。紙も焼き面がくっつきます。
クッキングペーパー→蒸気と水気に強く、紙がはがれやすいので、柔らかい生地などに使用しています。

---

① 丸型

・紙の敷き方

1. 紙に型をのせて印をつけ、約5mm大きくカットする。2. 型にはめて、5mm部分に立ち上がりをつける。3. 側面部分は型より1〜2cm高めにカットする。4. 側面→底面の順に敷く。

・紙を使わない場合

焼き面を見せるときや、しっかり焼いても問題ない生地のときは、紙を使わずに型どりします。

1. バターを全面に、薄く均一に塗る。2. 強力粉をたっぷりふるいながらかける。3. 逆さまに打ちつけて、余分な粉を落とす。4. 使うまで冷蔵庫へ。

② パウンド型

・紙の敷き方

1. 紙に型をのせて印をつけ、型に合わせて折り目をつける。余分なところはカットする。2. 角の部分に4本切り込みを入れる。3. a→b→cの順に重ねて組み立てて、型にはめる。4. 側面への熱のあたりが強いオーブンの場合（主にコンベクション）、濡らした新聞紙を縦半分に折り、さらに3つ折りにして型に巻いてホチキスで固定すると、上にのびのびと焼けます。

③ バット

・紙の敷き方

大きめのバットがあれば、ロールケーキ用のシート生地をどんなサイズでも焼くことができます。
1. 焼くサイズに合わせて、側面の立ち上がりをつけて紙をカットする。
2. 側面の余分な部分を重ねて、ホチキスで留める。
3. パウンド型や紙を折って固くしたものをストッパー代わりに天板に置き、型を固定する。

④ セルクル（p.37「パン・ド・カンパーニュ・ビスキー」の場合）

・セルクルがない場合

焼き菓子のときは、アルミホイルで代用することができます。
1. 丸型を用意する。アルミホイルを型の側面の高さに合わせて、一周分用意する。2. 丸型の内側に入れて、ホチキスで留める。3. 使用するときは内側にバターを塗って強力粉をふる。

⑤ 角型

1. 基本的にパウンド型と同じように用意する。2. a→b→cの順に重ねて組み立てて、型にはめる。ホチキスで固定する。

⑥ マフィン型

テフロン加工がされていない型には、取り出しやすくするため、表面に油を塗っておくといいです。それから紙型をセットします。

⑦ シフォン型

本書ではスチールアルミメッキのシフォン型を使用。上下熱のオーブンや火力が弱いと感じるオーブンの場合は、薄くて軽いアルミの型がおすすめです。

01 基本の共立て生地

ふんわりと軽く、キメの細かくしっとりとした食感に、卵の優しい風味が感じられる共立てのスポンジです。米油で作るあっさりタイプと、バターで作るコクのあるタイプの2レシピをご紹介します。

泡立て器で作るスポンジ

卵1個で作れる最小のスポンジ。手を交互に使ってリズムよく泡立てると意外と早く泡立ち、焼きあがりのうれしさはひとしおです。おいしく作るコツは、泡立てすぎないこと。卵と薄力粉、きび砂糖、米油、水のみなので、優しい味わいのふんわり食感です。

ハンドミキサーで作るスポンジ

バターと牛乳、グラニュー糖を使ってコクと風味を出した、しっとりと口どけのよいスポンジです。ハンドミキサーを使うとすぐに泡立つので、生地の状態をよく見ながら、泡立てすぎないようにしましょう。

泡立て器で作るスポンジ

材料　直径12cm 丸型1台分
卵 ..... 1個（60g）*
きび砂糖 30g
薄力粉 30g
米油 10g
水 8g

＊余り卵白を足して60gにする。またはLサイズの卵を使用してください。

準備
・薄力粉はふるう。
・型にバターを塗って強力粉（ともに分量外）をまぶし、余分な粉をはらって使うまで冷蔵庫に入れる。（p.10）
・オーブンは180℃に予熱する。

卵を泡立てる

小さめのボウルに卵を入れる。このとき、卵の殻に残る白身を指でこそげとって加える。
＊直径20cm、深さ7〜8cm程度の浅い小さめのステンレス製ボウルがおすすめ。

泡立て器で卵をほぐし、きび砂糖を加えてぐるぐる混ぜる。

ボウルをコンロにのせて、混ぜながらごく弱火にかける。
＊泡立てやすくするために、砂糖が溶けるくらいに温めます。温めなくても、時間はかかるのですが泡立ちます。ボウルは火にかけられる、ステンレス製のものを使用してください。

泡立て器で約20秒直線を描くように混ぜて、火からおろす。

濡れ布巾の上にボウルを置いてやや斜めにし、ときどきボウルを回しながら円を描くように泡立てる。

泡立ってきたら、少しゆっくりとリズムよく泡立てる。右手が疲れたら、左手を使って混ぜる。

粉を加える

生地をすくい上げて垂らし、文字を書いて、それがすぐになじまずにうっすら残るくらいになればよい。ここまで約5分。
＊泡立てすぎると、冷めたときに表面がわずかに凹んだり、固くなり口どけが悪くなったりします。

薄力粉を一度に加え、ゴムベラで約15回混ぜ、ゴムベラに付いた生地をボウルのふちで一度掃除する。

さらに約5回、粉が見えなくなるまで混ぜて、ゴムベラを掃除する。
＊道具のサイズや分量ごとに混ぜる回数は違いますが、粉を加えたら「しっかり」、油脂を加えたら「さっくり」混ぜるのがコツ。

Memo

サイズを変えて作る方法

15cmは「ハンドミキサーで作るスポンジ」(p.16)の材料の、グラニュー糖をきび砂糖に、バターを米油に替えて、同分量で作れます（焼成時間約25分）。

18cmは12cmの分量を3倍（焼成時間約30分）に、21cmは15cmの分量を2倍（焼成時間約35分）に変更してください。

3 油と水を加える

米油と水を加える。

油が全体にいきわたって、ツヤが出るまで15〜20回を目安に混ぜる。

すくい上げて垂らした生地が、少し重なってからゆっくりなじむくらい。

4 型に流し込む

型に生地を流し込む。

ゴムベラで表面を軽く混ぜて、生地をなじませる。
＊最後にボウルに残った色の異なる生地を入れてそのまま焼くと、焼きあがりが陥没するため、軽く混ぜてなじませます。

5 焼成

180℃のオーブンで、約20分焼く。途中10分あたりで型の向きを変える。表面が緩やかな山状で、淡い狐色になったら焼きあがり。中心を触り、弾力があったら焼けている。

＊オーブンは上下段あれば下段に。
＊焼成時間は電気オーブンを使用したときの目安です。時間はオーブンの機種や季節によっても変化します。ガスオーブンを使用する方は10℃ほど低く設定してください。（以下全てのレシピに共通）。
＊色やパサつきが気になったり、生焼けがある場合は、焼き時間より2分前後の増減、または温度を10℃上げ下げして調整してください。

焼きあがったら、型の底をポンッとたたいて熱気を外に出し、周囲を軽くたたく。

逆さにして生地を取り出す。

網にのせる。ひっくり返し、布巾をかけて保湿する。少し粗熱がとれたら、まだ温かいうちにラップでふんわりとくるむ。

ハンドミキサーで作るスポンジ

材料 直径15cm 丸型1台分
卵 2個
グラニュー糖 60g
薄力粉 60g
無塩バター 20g
牛乳 15g

準備
・薄力粉はふるう。
・ボウルにバターと牛乳を入れて、湯煎で溶かし、使うまでそのままにしておく。
・型にわらばん紙を敷いておく（p.10参照）。
・オーブンは180℃に予熱する。

① 卵を泡立てる

深めのボウルに卵を入れ、ハンドミキサーの高速でほぐしたら、グラニュー糖を加えて低速で軽く混ぜる。

ボウルをコンロにのせ、ごく弱火にかける。ハンドミキサーの低速で円を描くように約20秒混ぜる。砂糖が溶ければよい。

火からおろし、濡れ布巾の上にボウルをやや斜めに置いて、ときどきボウルを回しながら高速で泡立てる。

② 粉を加える / ③ バターと牛乳を加える

大きな気泡ができはじめたら、低速にする。ハンドミキサーの跡が残るようになったら、生地をすくい上げて垂らす。文字を書いて、それがすぐになじまずにうっすら残るくらい。ここまで約2分。

薄力粉を一度に加え、ゴムベラで約15回混ぜ、ゴムベラを一度掃除する。さらに約5回、粉が見えなくなるまで混ぜて、ゴムベラを掃除する。

溶かしたバターと牛乳をかき混ぜてから加える。

④ 焼成

バターが全体にいきわたってツヤが出るよう、ゴムベラで15～20回混ぜる。すくい上げて垂らした生地が、少し重なってからゆっくりなじむくらい。

型に生地を流し込む。ゴムベラで表面を軽く混ぜて、生地をなじませる。180℃のオーブンで、約25分焼く。途中12分あたりで向きを変える。表面が緩やかな山状で、狐色になったら焼きあがり。

型から出し、側面の紙をはがす。底の紙をつけたまま、網に逆さまにのせて、布巾をかけておく。少し粗熱がとれたら、ラップでふんわりくるむ。
＊底の紙は、食べるときやデコレーションするときに取ればいいです。

スポンジのスライス方法

・2枚にスライスする

1 スポンジの上面を軽く押さえ、下のスポンジが少し厚くなるように波型包丁で一周印をつける。
＊真半分に切るとクリームやフルーツがあとからのったときに、下のスポンジが少し潰れてしまうため、下のスポンジを気持ち厚めにカットするといいです。

2 二周目からは波型包丁を前後に動かしながら、スポンジを手でくるくると回して、スライスしていく。
＊回転台がない場合は、スポンジを紙にのせて、スポンジを回しながら作業をします。

3 2枚にスライスした状態。

・3枚にスライスする（上下の焼き面を取る）

1 スポンジの上面を薄く削るように波型包丁で切りとる。同じように下面も切りとる。

2 上面を軽く押さえ、3等分になるように波型包丁で一周印をつける。このとき、一番下のスポンジが少し厚くなるようにするとよい。

3 波型包丁を前後に動かしながら、スポンジをくるくると回してスライスする。同じようにもう1枚スライスし、3枚にする。

シロップの作り方

スポンジにはこのシロップを水やお酒と同じ分量で割ったものを塗ります。乾燥した生地を柔らかい状態に戻し、クリームやフルーツとのなじみもよくしてくれます。塗ることで日持ちもします。

材料
グラニュー糖 125g
水 100g

作り方
小鍋にグラニュー糖と水を入れて中火にかけ、ゴムベラで混ぜながら砂糖を溶かす。沸騰して約30秒で液が透明になったら火からおろし、熱いうちに瓶に入れる。冷蔵庫で1ヶ月保存可能。ガムシロップとしても使えます。

素朴なカスタードショート

Arrange
季節のフルーツショート

素朴なカスタードショート

回転台がなくても、おうちで手軽にできるシンプルなデコレーションです。素朴な見た目ながらちょっと贅沢に、なかにカスタードとホイップクリームを挟みました。スポンジにはお酒を使わない水シロップを塗りました。

材料 直径12cm 丸型1台分
スポンジ（直径12cm）……1台
いちご……5粒
シロップ（p.17）……5g
水……5g
カスタードクリーム（p.21）……60g
生クリーム（乳脂肪分47%）……50g
グラニュー糖……5g
粉糖……適量

準備
・スポンジの上面を残して2枚にスライスする（p.17）。
・シロップを水で割り、水シロップを作る。
・ボウルに生クリームとグラニュー糖を入れて、氷水にあてながら8分立てにホイップする（p.21）。

1 いちごのカット

いちごはヘタを取り、濡れたペーパーで表面を拭き、横3〜4枚にスライス。
＊いちごは水で洗うと傷みやすくなります。

2 シロップを塗る

スポンジの全面に、刷毛で水シロップを塗る。

3 組み立てる

スポンジのカット面にカスタードを塗る。
＊クリームが溢れ出ないように、スポンジの縁を少し残して塗るといいです。

外から見える位置にいちごを並べる。

ホイップをスポンジの中心にのせる。
＊いちごの合間からホイップがのぞくときれい。

上のスポンジをのせて上から軽く押す。スポンジの上面に茶こしで粉糖をかける。

Arrange
季節のフルーツショート

いちごのほか、メロンやぶどう、パイナップル、バナナなどを使ったり、缶詰の黄桃やみかんもおすすめです。

作り方
季節のフルーツショートは、カスタードクリームと生クリームではなく、生クリームを倍量（生クリーム100g、グラニュー糖13g）使いました。仕上げに、スポンジの上面にも生クリームを塗り（a）、適当な大きさにカットした季節のフルーツを飾り付けています。
＊パレットナイフがなくてもゴムベラでデコレーションできます。

a

ホイップの泡立て方（乳脂肪分45〜47%の場合）

作り方
1. ボウルに生クリームと砂糖を入れて、氷水にあてながら、ハンドミキサーの高速で泡立てる。
2. 求める泡立ち加減に近づいたら、泡立て器に替えて、調整をしていく。

5分立て

まだ液状で、角は立たない。まずはここまで一気に泡立てる。乳脂肪分45〜47%の生クリームは触れるほど固くなるので、ちょっと柔らかいと感じるくらいから、使いはじめるとよい。

7分立て

全体的に緩やかで、泡立て器の跡がふんわり残るくらい。スポンジにデコレーションするときに使う。

9分立て

泡立て器の跡がはっきりとして、角がピンと立つ。サンド用クリームに使う。絞り袋に入れて絞り出すときには、少し手前の8分立てくらいがいい。

カスタードクリームの作り方

材料　できあがり量約115g
- 卵黄 ⋯⋯ 1個
- グラニュー糖 ⋯⋯ 25g
- 薄力粉 ⋯⋯ 8g
- 牛乳 ⋯⋯ 100g
- バニラビーンズ* ⋯⋯ 1.5cm
- バター ⋯⋯ 5g

*バニラオイル1〜2滴でも可。1の工程で加えてください。

準備
- 牛乳は温める。
- バニラビーンズは割いて、包丁の背で種を取る。
- 薄力粉はふるう。

作り方
1. ボウルに卵黄とグラニュー糖を入れて、白っぽくなるまで泡立て器で混ぜる。薄力粉を加えてしっかり混ぜる。
2. 小鍋に温めた牛乳、バニラビーンズの種とさやを入れて中火にかける。鍋肌がふつふつしてきたら1に加えて泡立て器で混ぜる。
3. 2を小鍋に戻し、中火にかけてゴムベラで約2分混ぜる。
   *ダマができて心配なときは、火からおろして混ぜます (a、b)。
4. 火を止めて、バターを加えて余熱で溶かして混ぜる (c)。
5. バットに移してすぐにラップをかけ、保冷剤をのせて急冷する (d)。粗熱がとれたら冷蔵庫に入れる。
6. 使うときは裏ごしをして (e)、ゴムベラで滑らかになるまで練る (f、g)。冷蔵庫で約3日、日持ちする。

デコレーションショート

大人のショートケーキ

デコレーションショート

回転台を使って、お店のようなデコレーションに挑戦。少し不格好でも、おうちならではのかわいらしいケーキに仕上がります。ピンク色のいちごクリームとカット面にはいちごシロップを塗って、いちご尽くしにしました。

材料　直径15cm 丸型1台分
- スポンジ（直径15cm）……1台
- いちご……18粒（シロップ用6粒、クリーム用5粒、飾り用7粒）
- 生クリーム（乳脂肪分47%）……200g（70gと130gに分ける）
- いちごジャム（p.7）*……30g
- 粉ゼラチン**……1g
- 冷水……5g
- シロップ（p.17）……30g（20gと10gに分ける）
- 水……10g
- グラニュー糖……26g

* 裏ごししたもの。
** 粉ゼラチンは新田ゼラチンの「シルバー」を使用。よく冷えた水でふやかします。

準備
- スポンジの上面と底の生地を薄く切り取り、2枚にスライスする（p.17）。
- ボウルにゼラチンと冷水を入れて十分ふやかし、湯煎で溶かす。裏ごししたいちごジャムを混ぜておく。
- いちごシロップを作る。いちご6粒をすりおろし、20gのいちご果汁を用意する。それをシロップ20gと合わせる。
- シロップ10gを水で割り、水シロップを作る。

作り方

1 **いちごのカット**　いちごは濡れたペーパーで軽く表面を拭き、いちごクリーム用5粒は1/4にカットする。

2 **いちごクリーム作り**　氷水をあてたボウルに生クリーム70gを入れて7分立てにする。ゼラチンを溶かしたいちごジャムを加えて混ぜ、さらにカットしたいちごを加えて混ぜる。

3 **組み立てる**　上下それぞれのスポンジのカット面にいちごシロップを、上面と底、側面に水シロップを刷毛で塗る。回転台に下のスポンジをのせて、**2**をのせて、パレットナイフで平らにならす。上のスポンジをのせて軽く押す（a）。冷蔵庫で一旦冷やす。

4 氷水をあてたボウルに生クリーム130gとグラニュー糖を入れて7分立てにし、ボウルの半分だけをさらに泡立てて、少し固めの8分立てにする。

5 **下塗り**　スポンジに8分立てホイップをすべてのせる。パレットナイフを中央にあてて台を回転させながら、平らにならす（b）。側面はパレットを垂直にあてて、回転させながら塗り広げる（c）。回転台にはみ出したホイップは、台を回転させながらパレットで拭う（d）。

*ホイップを触りすぎてボソボソした質感になったら、パレットナイフを火にかざして軽く温めてから表面をなぞるときれいになります（e）。

6 **仕上げ**　7分立てのホイップをのせて、**5**と同じようにパレットで塗る（f, g）。上面にはみ出したホイップは、パレットで外側から中央に向かってならし、表面を平らに整える（h）。いちごを飾る。

*バターの入ったスポンジは食べるちょっと前に室温になじませると、おいしく食べられます。

大人のショートケーキ

スポンジを3枚にスライスし、たっぷりいちごを挟んで、洋酒シロップを使った王道ショートケーキはとろけるおいしさです。仕上げにコームで側面に模様をつければさらに華やかに。大切な記念日に、ぜひ作ってみてください。

材料　直径15cm 丸型1台分
- スポンジ（直径15cm）……1台
- いちご……15粒（サンド用7粒、飾り用8粒）
- 生クリーム（乳脂肪分47%）……300g
- グラニュー糖……39g
- キルシュ(p.7)……8g
- シロップ(p.17)……35g
- クレーム・ド・フレーズ(p.7)……35g

準備
- スポンジの上面と底の生地を薄く切り取り、3枚にスライスする(p.17)。
- 洋酒シロップを作る。ボウルにシロップとクレーム・ド・フレーズを入れて、しっかり混ぜ合わせる。

作り方

1. **いちごのカット**　いちごは濡れたペーパーで軽く表面を拭き、サンド用は縦3〜4枚にスライスする。

2. **ホイップする**　氷水をあてたボウルに生クリームとグラニュー糖、キルシュを入れて5分立てにする。240gを取り分けて8分立てにする。残りは仕上げに使うので一旦冷蔵庫へ。

3. **組み立てる**　スポンジの全面に、刷毛で洋酒シロップを塗る。

4. 回転台に一番下のスポンジをのせ、カット面に8分立てホイップの1/6量をのせて、パレットナイフで塗る。いちごの半量を全体に敷き詰める。その上からホイップの1/6量をのせて、パレットナイフで覆う。真ん中のスポンジをのせて、上から軽く押す。これをもう一度繰り返し、一番上のスポンジをのせる。

5. **下塗り**　残りのホイップをのせて、パレットナイフを中央にあてて台を回転させながら、平らにならす。側面はパレットを垂直にあてて回転させながら、塗り広げる。回転台にはみ出したホイップは、台を回転させながらパレットナイフで拭う。

6. **仕上げ**　*2*で残したホイップを7分立てにして、少し残し、下塗りと同じようにパレットナイフで塗る。上面にはみ出したホイップを外側から中央に向かってならし、表面を平らに整える。
   ＊さらに、デコレーションコームを側面に軽くつけて台を回転させて、飾り模様をつけてもいいです (a)。

7. 拭った少し固いホイップと*6*で少し残したホイップを合わせて、8切#8の星口金をつけた絞り袋に入れて、縁に一周「の」の字を書くように絞る (b)。中央にいちごをのせる (c)。

ジャムロールケーキ

レモンカップケーキ

ジャムロールケーキ

スポンジ生地をシート状に焼いて、くるくる巻けばロールケーキに。ジャムのほかにホイップを巻いてもおいしい。巻くときに生地が割れるのは、混ぜ足りないか焼き過ぎのサイン。巻くときに意識してチェックしてみてください。

材料 20×20cm のシート生地1枚分
卵 …… 2個
グラニュー糖 …… 60g
薄力粉 …… 60g
無塩バター …… 20g
牛乳 …… 15g
いちごジャム、ブルーベリージャムなど (p.7) …… 適量

準備
・薄力粉はふるう。
・ボウルにバターと牛乳を入れて、湯煎で溶かす。使うまでそのままにしておく。
・20×20cm のサイズにわらばん紙の型を作り (p.11)、バットに敷く。
・オーブンは200℃に予熱する。

作り方

1 **生地作り** ボウルに卵を入れてハンドミキサーの高速でほぐし、グラニュー糖を加えて混ぜる。

2 コンロに直接のせて、ごく弱火にかける。低速で円を描くように約20秒混ぜて、火からおろす。濡れ布巾の上にボウルを斜めに置いて、ときどきボウルを回しながら高速で泡立てる。粗く大きな気泡ができはじめたら、低速にする。すくい上げて垂らした生地がすぐになじまず、うっすら残るくらいになればOK。

3 薄力粉を一度に加え、ゴムベラで約15回混ぜ、ゴムベラを掃除する。さらに約5回、粉が見えなくなるまで混ぜて、ゴムベラを掃除する。

4 溶かしたバターと牛乳を加えて混ぜる。すくい上げて垂らした生地が、少し重なってからゆっくりなじむくらいになればOK。

5 型に生地を流し込み (a)、表面をゴムベラで軽く平らにする。

6 **焼成** 200℃のオーブンで約9分焼く。途中5分あたりで向きを変える。焼きあがったら網にのせて、すべての紙をはがしてまた被せる。布巾をかけて少し粗熱をとる。まだ温かいうちに巻きはじめるとよい。

7 **仕上げ** 巻きやすくするため、定規を軽くあてて折り目をつける (b)。手前は1cm、奥へいくごとに間隔をあけて一番奥は3cmぐらいにする。

8 ジャムを全体に塗り、手前から巻いていく (c)。巻き終えたら軽く締め、紙で包んで (d) 落ち着くまで冷蔵庫で冷やす。

a

b

c

d

レモンカップケーキ

レモン風味のスポンジ生地を、型を変えて小さなカップケーキにしました。今回はホワイトチョコレートをかけたのですが、ホイップでデコレーションしてもかわいいです。

材料　直径5.5cmのマフィン型6個分
グラニュー糖 ...... 60g（5gと55gに分ける）
レモンの皮（すりおろす）...... 大1個分
卵 2個
薄力粉 60g
無塩バター 20g
牛乳 15g
シロップ（p.17）...... 25g
レモン汁 8g
パータグラッセ（ホワイト）...... 50g

準備
・薄力粉はふるう。
・ボウルにバターと牛乳を入れて、湯煎で溶かす。使うまでそのままにしておく。
・レモンの皮は飾り用に少し残しておく。
・レモンシロップを作る。ボウルにシロップとレモン汁を入れてしっかり混ぜ合わせる。
・パータグラッセは湯煎で溶かす。
・マフィン型に9号の紙カップを敷く。
・オーブンは200℃に予熱する。

作り方

1. **生地作り**　グラニュー糖5gとレモンの皮をまな板の上におき、パレットナイフですり合わせて香りをつける（a）。それをグラニュー糖に戻す。
2. ボウルに卵を入れてハンドミキサーの高速でほぐし、1を加えて混ぜる。
3. コンロに直接のせて、ごく弱火にかける。低速で円を描くように約20秒混ぜて、火からおろす。濡れ布巾の上にボウルを斜めに置いて、ときどきボウルを回しながら高速で泡立てる。粗く大きな気泡ができはじめたら、低速にする。すくい上げて垂らした生地がすぐになじまず、うっすら残るくらいになればOK。
4. 薄力粉を一度に加え、ゴムベラで約15回大きく混ぜ、ゴムベラを掃除する。さらに約5回、粉が見えなくなるまで大きく混ぜて、ゴムベラを掃除する。
5. 溶かしたバターと牛乳を加えて混ぜる。すくい上げて垂らした生地が、少し重なってからゆっくりなじむくらいになればOK。
6. 型に生地を6等分にして入れて、ゴムベラで軽く混ぜる。
7. **焼成**　200℃に予熱したオーブンを190℃に下げ、約16分焼く。途中5分あたりで向きを変える。焼きあがったら網にのせ、布巾をかけて粗熱をとる。
　＊紙をはがさないので、表面が少し凹みます。
8. **シロップを塗る**　レモンシロップをカップケーキ6個の表面に刷毛で塗る。
9. **ホワイトチョコレートがけ**　溶かしたパータグラッセをゴムベラで混ぜて、少し温度を下げる。これをケーキの上面につけて（b）、飾り用のレモンの皮をのせる（c）。
　＊パータグラッセは、80℃くらいの湯煎で溶かし、40〜45℃に冷まして使います。残っても冷やせば、また使えます。

ガナッシュケーキ

ふんわりショコラ

ガナッシュケーキ

ココアスポンジにアプリコットジャムを塗り、チョコでコーティングすれば、ザッハトルテのような仕上がりに。ココアを加えると、生地の卵の泡が消えやすくなるので、素早く混ぜます。よりふんわりさせたいときはLサイズの卵を使って。

材料 直径15cm 丸型1台分

・スポンジ生地
卵 …… 2個
グラニュー糖 …… 60g
塩 …… ひとつまみ
薄力粉 …… 45g
ココア* …… 15g
無塩バター …… 20g
牛乳 …… 15g

・仕上げ
シロップ（p.17） …… 15g
水 …… 15g
アプリコットジャム …… 30g
クーベルチュール（スイート） …… 40g
生クリーム（乳脂肪分47%） …… 40g

*ココアは遮光の袋に入った純ココアを使用。冷蔵庫で保管を。

準備
・薄力粉とココアを合わせて、軽く混ぜてからふるう。
・ボウルにバターと牛乳を入れて、湯煎で溶かす。使うまでそのままにしておく。
・アプリコットジャムは裏ごす。
・シロップを水で割り、水シロップを作る。
・型にバターを塗って強力粉（ともに分量外）をまぶし、余分な粉をはらって使うまで冷蔵庫で冷やす（p.10）。
・オーブンは180℃に予熱する。

作り方

1. **生地作り** ボウルに卵を入れてハンドミキサーの高速でほぐし、グラニュー糖と塩を加えて混ぜる。

2. コンロに直接のせて、ごく弱火にかける。低速で円を描くように約20秒混ぜて、火からおろす。濡れ布巾の上にボウルを斜めに置いて、ときどきボウルを回しながら高速で泡立てる。粗く大きな気泡ができはじめたら、低速にする。すくい上げて垂らした生地がすぐになじまず、うっすら残るくらいになればOK。

3. 薄力粉とココアを一度に加え、ゴムベラで約15回混ぜ、ゴムベラを掃除する。さらに約5回、粉が見えなくなるまで混ぜて、ゴムベラを掃除する。

4. 溶かしたバターと牛乳を加えて混ぜる。すくい上げて垂らした生地が、少し重なってからゆっくりなじむくらいになればOK。

5. 型に生地を流し込み、表面をゴムベラで軽く混ぜる。

6. **焼成** 180℃のオーブンで約25分焼く。途中15分あたりで型の向きを変える。焼きあがったら、型の底と周囲を軽くたたき、逆さにして生地を取り出す。網にのせて、布巾をかけて少し粗熱をとり、ラップでふんわりとくるむ。

7. **組み立てる** 2枚にスライスする。全面に刷毛で水シロップを塗り、さらに底以外の面にアプリコットジャムを薄く塗る（a）。下のスポンジに上のスポンジをのせ、一旦冷蔵庫で冷やす。

8. **チョコレートがけ** ボウルに粗く刻んだクーベルチュールと生クリームを入れて湯煎にかけて混ぜながら溶かす。湯煎から外し、ゴムベラで混ぜて少し温度を下げる。
*湯煎は80℃くらいが適温。

9. 回転台にスポンジをのせて、8をかける（b）。パレットナイフを中央にあてて台を回転させながら、平らにならして上面を塗る（c）。側面に垂れたクーベルチュールにパレットナイフを垂直にあてて、台を回転させながら塗り広げる。余ったクーベルチュールはパレットナイフで拭う（d）。お皿に移して冷蔵庫で1時間冷やして固める。

*余ったクーベルチュールはフォークで上面に垂らして模様をつけたり、温かい牛乳で溶かしてホットチョコにしてもおいしいです。
*好みのブランデーを少しきかせたホイップを添えてもいいです。

a

b

c

d

ふんわりショコラ

バターなどの油脂を使わずに、卵と粉と砂糖だけを使ったふんわりスポンジで、ちょっと懐かしい味わいのチョコレートケーキを作りました。この生地は粉を2〜3回ふるうのが、おいしく作るコツです。

材料 22×20cmのシート生地1枚分

・スポンジ生地
卵 …… 2個
卵黄 …… 1個
グラニュー糖 …… 30g
薄力粉 …… 22g
ココア …… 8g

・仕上げ
クーベルチュール（スイート）…… 75g
生クリーム（乳脂肪分47％）…… 200g
（20gと180gに分ける）
飾り用クーベルチュール …… 適量

準備
・薄力粉とココアを合わせて、軽く混ぜてから2〜3回ふるう。
・22×20cmのサイズにわらばん紙の型を作り（p.11）、バットに敷く。
・オーブンは210℃に予熱する。

作り方

1 **生地作り** ボウルに卵と卵黄を入れてハンドミキサーの高速でほぐし、グラニュー糖を加えて混ぜる。

2 コンロに直接のせて、ごく弱火にかける。低速で円を描くように約20秒混ぜて、火からおろす。濡れ布巾の上にボウルを斜めに置いて、ときどきボウルを回しながら高速で泡立てる。粗く大きな気泡ができはじめたら、低速にする。すくい上げて垂らした生地がすぐになじまず、うっすら残るくらいになればOK。

3 薄力粉とココアを一度に加え、ゴムベラで約60回混ぜる。すくい上げて垂らした生地が、少し重なってからゆっくりなじむくらいになればOK。

4 型に生地を流し込み、表面をゴムベラで軽く混ぜる。

5 **焼成** 210℃のオーブンで約8分焼く。焼きあがったら網にのせて、すべての紙をはがしてまた被せる。布巾をかけて冷ます。

6 **チョコホイップ作り** ボウルに荒く刻んだクーベルチュールと生クリーム20gを入れて、湯煎にかけて混ぜながら溶かす。湯煎から外し、ゴムベラで混ぜて少し温度を下げる。

7 氷水をあてた別のボウルに生クリーム180gを入れて、7分立てにする。氷水を外し、6を加えて泡立て器で混ぜ、クーベルチュールが全体にいきわたったら、ゴムベラで混ぜてクリームを均一に整える。

8 **組み立てる** 生地を横長に置き、3等分にカットする。ゴムベラでチョコホイップの2/3量を全面に塗り（a）、3枚の生地を重ねる（b）。側面に残りのホイップを塗って（c）、全体をラフに仕上げる。飾り用クーベルチュールをコンロで軽くあおって、ナイフの背で削って飾りを作る（d）。仕上げにそれを上からたっぷりかける。

オレンジバターケーキ

オレンジピールを混ぜたスポンジに、塩味のバタークリームを塗って、焼き菓子のように仕上げました。

材料 15cm角型1台分
卵 …… 2個
グラニュー糖 …… 50g
薄力粉 …… 60g
無塩バター …… 20g
牛乳 …… 15g　*オレンジジュースでも可。
オレンジピール …… 25g
シロップ（p.17）…… 10g
水 …… 10g
バタークリーム（p.39）…… 30g

準備
- 薄力粉はふるう。
- ボウルにバターと牛乳を入れて、湯煎で溶かす。オレンジピールは細かいみじん切りにして（a）ここに混ぜる。
- シロップを水で割り、水シロップを作る。
- 型にわらばん紙を敷く（p.11）。
- オーブンは180℃に予熱する。

作り方

1. **生地作り**　p.16「スポンジ」の*1*〜*4*と同様に作り、型に生地を流し込み、ゴムベラで表面を軽く混ぜる。

2. **焼成**　180℃のオーブンで約25分焼く。途中12分あたりで型の向きを変える。焼きあがったら網にのせて、すべての紙をはがしてまた被せる。布巾をかけて少し粗熱をとる。ラップでふんわりとくるむ。

3. **仕上げ**　上面だけを薄く切りとって、全面に刷毛で水シロップを塗る。縦半分にカットする。片面にバタークリームを塗り（b）、向かい合うように重ねる（c）。ラップで包んで冷蔵庫で30分冷やす。焼き色のついた側面を薄く切りとり、2〜3cm幅にカットする。

さつまいものモンブラン

ジャムロールケーキにさつまいもクリームをたっぷりのせて、モンブラン風にアレンジしました。

材料　6個分
ジャムロールケーキ（p.28）..... カット6個（厚さ2cm）
生クリーム（乳脂肪分47％）..... 100g
グラニュー糖 10g
カスタードクリーム（p.21）..... 72g
栗の甘露煮 1個半

・さつまいもクリーム
さつまいも ..... 中1本（約200g）
生クリーム（乳脂肪分47％）..... 50g
無塩バター 15g
グラニュー糖 ..... 15g　＊さつまいもの甘みの強いときは砂糖なしでよい。

作り方

1. **さつまいもクリーム作り**　鍋に湯を沸かし、さつまいもを約25分茹でる。竹串がすっと刺さったら、アルミホイルにくるんで180℃のオーブンで約30分焼く。熱いうちに、皮をむく。

2. フードプロセッサーにさつまいも150gと生クリーム、バター、グラニュー糖を入れて撹拌する。滑らかになったらボウルにとり出して粗熱をとる。
   ＊さつまいもの水分が多くて柔らかいときは、鍋に移して中火にかけ、水分を飛ばすといいです。

3. 厚手のビニール保存袋に2を入れ、間隔をあけて竹串で数箇所穴を開ける（a）。

4. **ホイップ作り**　氷水をあてたボウルに生クリームとグラニュー糖を入れ、9分立てにする。

5. **仕上げ**　厚さ2cmにカットしたジャムロールケーキを横向きに置き、真ん中にカスタード大さじ1程度をスプーンでのせる。それを包むようにホイップクリームをパレットで山高になでつける。

6. さつまいもクリームを縦3回、横3回絞る（b）。4等分にカットした栗の甘露煮を真ん中に置く。

パン・ド・カンパーニュ・ビスキュイ

パン・ド・カンパーニュ（田舎パン）のような見た目のスポンジにたっぷりのクリームとフルーツをサンドしたフランスの家庭菓子です。パンに似せるために、わざとゴツゴツとさせます。ざっくりとラフに作れるので失敗しらず。カスタードとホイップだけでも十分おいしいです。

02 基本の別立て生地

卵黄と卵白をそれぞれ泡立てて作る生地は、空気をたっぷり含んだふんわり食感。ポイントはメレンゲの泡立て方と、卵黄生地との混ぜ方。生地によって「柔らかいメレンゲ」と「強いメレンゲ」を使い分けます。

材料 直径15cm セルクル型1台分
- 卵黄 …… 2個
- きび砂糖 …… 35g（10gと25gに分ける）
- 卵白 …… 2個
- 薄力粉 …… 40g
- 仕上げ用の粉糖、薄力粉 …… 各小さじ1
- カスタードクリーム（p.21）…… 適量（約70～90g）
- 好みのフルーツ …… 適量
- 生クリーム（乳脂肪分47%）…… 100g
- グラニュー糖 …… 10g

準備
- 薄力粉はふるう。
- 好みのフルーツは食べやすい大きさにカットする。
- 氷水をあてたボウルに生クリームとグラニュー糖を入れ、9分立てにホイップする。
- 型は15cmのセルクル型（なければアルミホイルで作る／p.11）にバターを塗って強力粉（ともに分量外）をまぶし、余分な粉をはらってクッキングペーパーを敷いたバットの上に置く。
- オーブンは180℃に予熱する。

1 卵黄生地を作る

大きめのボウルに卵黄を入れて泡立て器でほぐし、きび砂糖10gを加えて白っぽくなるまで混ぜる。

2 柔らかいメレンゲを作る

氷水をあてた別のボウルに卵白を入れて、ハンドミキサーの高速で泡立てる。少し角が立ったらきび砂糖25gを3回に分けて加える。角がピンと立つまで泡立てる（p.38「柔らかいメレンゲ」）。

3 卵黄生地と合わせる

卵黄生地にメレンゲ1/3量を加えて、ゴムベラで半分ほど混ぜる。

薄力粉を加えて、ゴムベラで半分ほど混ぜたら、ゴムベラを掃除する。

残りのメレンゲをすべて加える。

全体を粉が見えなくなるまで、さっくり混ぜる。

できあがりの生地。ボソッとしたかたまりが残るくらいがいい。混ぜすぎないこと。

4 焼成

型の中央に山高になるように生地を流し込む。
＊型の隅まで入れなくていいです。

粉糖を茶こしで振りかける。

⑤ 組み立てる

薄力粉を茶こしで振りかける。

ナイフで表面に、縦2本、横2本の切り込みを入れる。180℃のオーブンで約23分焼く。途中12分あたりで向きを変える。

焼きあがったら、型を外して網にのせる。粗熱がとれたら、上下半分にスライスする。下の生地にカスタードを塗り、フルーツとホイップをのせ、上の生地をのせる。

メレンゲの泡立て方

この本では2種類のメレンゲを使います。

<u>口当たりの「柔らかいメレンゲ」</u>→シフォンなどのふんわり食感のものに使用。形を保ちながらも口どけがよくて柔らかい。少し泡立ててから砂糖を加えるのが特徴。混ぜるともろく、泡が消えやすいです。

<u>粘りのある「強いメレンゲ」</u>→パウンドなどの重たい生地や、洋梨ロール（p.41）などの形をくっきりとさせる生地に使用。卵白のコシを切ったらすぐに砂糖を加えるのが特徴。混ぜても泡が消えにくく、キメの細かいメレンゲがしっかりと生地を支えます。

作り方

1 氷水をあてたボウルに卵白を入れる。

柔らかいメレンゲ

2 ハンドミキサーの高速で約30秒～1分泡立てたら、砂糖を数回に分けて加えて、そのつど約3秒軽く混ぜる。

3 高速のまま、羽根に絡まりつくまでしっかり泡立てる。卵白1個につき約1分～1分半が目安。

強いメレンゲ

2 ハンドミキサーの高速で5秒混ぜて卵白のコシを切り、卵白1個につき、砂糖小さじ1を加えて約20～30秒高速で泡立てる。残りの砂糖を数回に分けて早めに加えきる。

3 高速のまま、羽根に絡まりつくまで卵白1個につき約1分半、しっかり泡立てる。ツヤと粘りがあり、角がピンと立ち、角先がおじぎするのが目安。
＊このまま泡立て続けると「柔らかいメレンゲ」になります。

Point
卵白が余ったら、保存袋に入れて、冷凍保存が可能。冷凍保存した卵白は、必要なグラム数に合わせて、パキッと折って使用できます。レシピ内の余り卵白は、この冷凍卵白で調整しています。半年ほど保存可。

38　基本の別立て生地

バタークリームの作り方

この本では2種類のバタークリームを使います。メレンゲのものはあっさりしていて、全卵のものはコクがあります。余ったら冷凍保存し、使うときに冷蔵庫で解凍して練り直して使います。

・メレンゲバタークリーム （p.34「オレンジバターケーキ」で使用）

材料 作りやすい分量
卵白 …… 20g
グラニュー糖 …… 35g
塩* …… 1g
無塩バター …… 50g

*塩を抜くと普通のバタークリームとして楽しめます。

作り方

1. ボウルに卵白を入れて、ハンドミキサーの高速で卵白のコシを切る。グラニュー糖と塩を4回に分けて加えて、角が立つまで泡立てる（p.38「強いメレンゲ」）。
2. ボウルが浸かる大きさの鍋で湯を沸かして弱火にし、1を湯煎にかける。高速で約30秒混ぜ、ボウルの底が見えるようになったら（a）、湯煎から外す。このときメレンゲからゆで卵のようなにおいが軽くする。冷めるまで混ぜ続ける。
3. 別のボウルにバターを入れ、ハンドミキサーでポマード状にする。
    *ポマード状とは、滑らかなマヨネーズのような状態のこと。
4. 2を加えて（b）、高速で軽く混ぜる。その後ゴムベラで全体を混ぜたら（c）、できあがり（d）。

・全卵バタークリーム （p.77「バタフライケーキ」で使用）

材料 作りやすい分量
卵 …… 1/2個（25g）
グラニュー糖 …… 45g
　（10gと35gに分ける）
水 …… 15g
無塩バター …… 75g

作り方

1. 小さめのボウルに卵とグラニュー糖10gを入れて、ハンドミキサーの高速で白っぽくなるまで混ぜる（a）濡れ布巾の上にボウルを置いてやや斜めにしておく。
2. 小鍋にグラニュー糖35gと水を入れてかき混ぜる。中火にかけ、透明になってから約30秒で大きな泡が立ったら（b）、火からおろす。
3. 高速で1を泡立てながら、2を少しずつ加える。すべて加えたあとも、温度が下がるまで泡立て続ける。
4. 別のボウルにバターを入れて、ハンドミキサーでポマード状にする。
5. 3の半量を加えて、高速で混ぜる（c）。なじんだら残りを加えて、同様に混ぜる。ゴムベラで全体を混ぜたら、できあがり（d）。

洋梨ロールケーキ

口金を使って絞り出すシート生地です。凹凸のある立体的な表情がかわいらしく、軽い食感に仕上がります。さっぱりとした洋梨の缶詰を使ったので、乳脂肪分35%の軽い口当たりのクリームを合わせました。缶詰は明治屋の「洋梨」がおすすめです。

材料 24×26cmのシート生地1枚分
卵黄 2個
グラニュー糖 ..... 65g（20gと45gに分ける）
卵白 2個
薄力粉 65g
粉糖 ..... 適量
A ｜ 生クリーム（乳脂肪分35%）..... 110g
　｜ グラニュー糖 11g
洋梨（缶詰）..... 2つ割りを2個半（約160g）

準備
・薄力粉はふるう。
・オーブンは200℃に予熱する。

作り方

1. **卵黄生地作り**　ボウルに卵黄とグラニュー糖20gを入れて、泡立て器で白っぽくなるまで混ぜる。

2. **メレンゲ作り**　氷水をあてた別のボウルに卵白を入れて、ハンドミキサーの高速でコシを切る。グラニュー糖45gを4回に分けて加えて泡立てる（p.38「強いメレンゲ」）。

3. **卵黄生地と合わせる**　卵黄生地にメレンゲをひとすくい加えて、ゴムベラで軽く混ぜる。薄力粉を一度に加えて半分ほど混ぜたら、ゴムベラを掃除する。残りのメレンゲをすべて加え、粉が見えなくなるまで混ぜる。混ぜすぎないこと。

4. 1cmの丸口金をつけた絞り袋に生地を入れる。上下逆さまに置いた天板にクッキングペーパーを敷き、24×26cmを目安に斜めに絞り出す（a）。残った生地は端に枠のように絞り出す（b）。粉糖を茶こしでたっぷり振りかける（c）。

＊絞り出す線と線の間をごくわずかに空けながら絞ると、焼きあがりの模様がより立体的になります。
＊口金の太さが生地の厚さになるので、絞るときは口金を押し付けないようにしてください。

5. **焼成**　200℃のオーブンで約8分焼く。途中4分あたりで向きを変える。焼きあがったら網にのせて、すべての紙をはがしてまた被せて冷ます。

6. **フィリング作り**　氷水をあてたボウルにAを入れて、9分立てにホイップする。洋梨は汁を切り、大きめのさいの目状にカットする。

7. **組み立てる**　生地の裏面全体にホイップクリームを塗る。その上に洋梨を置き、パレットナイフでクリームにうずめる。

＊巻き終わりの方は薄く塗るといいです。

8. 手前から巻いていき（d）、巻き終えたら軽く締めて、紙で包んで落ち着くまで冷蔵庫で冷やす。仕上げに粉糖（分量外）を、茶こしで振りかける。

a

b

c

d

プレーンシフォン
ジンジャーシフォン

シナモンシフォン
モカチョコシフォン

プレーンシフォン

もちもち、ふわふわ、しっとりの、卵の風味豊かなシフォンケーキ。焼きあがりが横に広がったり、冷めたときに筒のところが凹む場合は、メレンゲの泡立てが足りていないサインです。ホイップを添えるなら、乳脂肪分35%がおすすめです。

材料 直径17cmのシフォン型1台分
卵黄 4個分
きび砂糖 ..... 65g（20gと45gに分ける）
水 50g
米油 40g
薄力粉 65g
卵白 ..... 145g（4個＋余り卵白）

準備
・薄力粉はふるう。
・オーブンは180℃に予熱する。

1 卵黄生地を作る

ボウルに卵黄を入れて泡立て器でほぐし、きび砂糖20gを加える。泡立て器で白っぽくなるまで混ぜる。

水を加えて軽く混ぜ、米油を加えてさらに混ぜる。

薄力粉を一度に加える。

粉が見えなくなるまでしっかり混ぜる。

2 柔らかいメレンゲを作る

氷水をあてた別のボウルに卵白を入れて、ハンドミキサーの高速で泡立てる。少し角が立ったらきび砂糖45gを5回に分けて加える。約4分を目安に泡立てる(p.38「柔らかいメレンゲ」)。

3 卵黄生地と合わせる

卵黄生地にメレンゲ1/4量を加えて、泡立て器でしっかり混ぜる。

それをメレンゲのボウルに戻す。

ゴムベラで約40〜50回混ぜ、ゴムベラを掃除する。

ツヤが出たら、生地をすくい上げて垂らす。重なってから揺らすと少し崩れるくらい。

④ 焼成

型に流し込み、1本の菜ばしで内側から外側にぐるぐる混ぜて平らにする。

さらに小さな円を描きながら1周かき混ぜ、大きな気泡を割る。

ナイフで放射状に9ヶ所切れ目を入れる。180℃に予熱したオーブンで約30分焼く。途中15分あたりで向きを変える。
＊火が強いときは10分前に10℃下げるといいです。

⑤ 冷ます

焼きあがったらすぐに逆さまにして、マグカップの裏などにのせて冷ます。粗熱がとれたら、冷蔵庫で2時間冷やす。

⑥ 型から外す

型と生地との間に隙間を作るように、生地の縁を内側にぎゅっぎゅっと押す。

パレットナイフを型の側面にぴたりとあてながらおろす。これを繰り返し、ぐるっと一周する。

同じように中心の筒も、あれば細めのパレットナイフをぴたりとあてながらおろす。これを繰り返し、ぐるっと一周する。

型から取り出し、底と生地との間に隙間を作るように、生地を下にぎゅっと軽く押す。

ナイフを型の底にぴたりとあてながら中心の筒まで刺して、そのままぐるっと一周する。
＊底はナイフの方がきれいにはがせます。

シナモンシフォン

シナモンをしっかりきかせたシフォンです。混ぜすぎに注意してください。ホイップを添えて食べるとおいしいですよ。

材料　直径 17cm のシフォン型 1 台分
卵黄 …… 4 個分
きび砂糖 …… 65g
　　（20g と 45g に分ける）
水 …… 50g
米油 …… 40g
A ｜ 薄力粉 …… 57g
　｜ シナモンパウダー …… 8g
卵白 …… 145g（4 個＋余り卵白）

準備
・p.44「プレーンシフォン」と同様に準備する。

作り方
1. p.44「プレーンシフォン」の *1* 〜 *2* と同様に作る。薄力粉を加えるタイミングで A を加える。
2. 卵黄生地にメレンゲをひとすくい加えて、泡立て器でしっかり混ぜる。それをメレンゲのボウルに戻す。ゴムベラで約 40 回混ぜ、ゴムベラを掃除する。すくい上げて垂らした生地が、重なってから揺らすと少し崩れるくらい。
3. p.44「プレーンシフォン」の *4* 〜 *6* と同様に作る。

ジンジャーシフォン

ハチミツで甘く煮た生姜を使った、懐かしい味わいのシフォンです。生姜の甘煮は好みの量に調節してもいいです。

材料　直径 17cm のシフォン型 1 台分
卵黄 …… 4 個分
きび砂糖 …… 60g（15g と 45g に分ける）
水 …… 50g
米油 …… 40g
A ｜ 薄力粉 …… 65g
　｜ ジンジャーパウダー …… 4g
生姜の甘煮（p.7）…… 55g
卵白 …… 145g（4 個＋余り卵白）

準備
・生姜の甘煮はシロップをきって千切りにする。
・上記以外は p.44「プレーンシフォン」と同様に準備する。

作り方
1. ボウルに卵黄を入れて泡立て器でほぐし、きび砂糖 15g を加えて白っぽくなるまで混ぜる。水と米油を加えて軽く混ぜる。A と生姜の甘煮を一度に加え、粉が見えなくなるまで混ぜる。
2. p.44「プレーンシフォン」の *2* 〜 *6* と同様に作る。

モカチョコシフォン

コーヒーだけでは出せない味にするため、スキムミルクは必須。作り方はシフォンと一緒ですが、スポンジに似た少ししっかりとした生地になります。

材料　直径 17cm のシフォン型 1 台分
卵黄 …… 4 個分
きび砂糖 …… 65g（20g と 45g に分ける）
水 …… 55g
米油 …… 40g
薄力粉 …… 65g
スキムミルク（p.7）…… 18g
インスタントコーヒー（p.7）…… 5g
製菓用チョコチップ …… 45g
卵白 …… 145g（4 個＋余り卵白）

準備
・p.44「プレーンシフォン」と同様に準備する。

作り方
1. ボウルに卵黄を入れて泡立て器でほぐし、きび砂糖 20g を加えて白っぽくなるまで混ぜる。水と米油を加えて軽く混ぜる。薄力粉とスキムミルク、インスタントコーヒーを一度に加え、粉が見えなくなるまで混ぜる。
2. p.44「プレーンシフォン」の *2* 〜 *3* と同様に作る。
3. 型に生地を少しだけ流し込んで広げる。残りの生地にチョコチップを入れて混ぜ、それを型に流し込む。あとは p.44「プレーンシフォン」の *4* 〜 *6* と同様に作る。
   ＊この一手間で、表面にチョコチップが出るのを防ぎます。

ミルクティーシフォンロール

シフォン生地をシート状に焼いて、ロールケーキにしました。
米油をバターに代えて、少しコクを出しています。

材料　22×18cmのシート生地1枚分
- アールグレイのティーバッグ …… 2個
- 熱湯 …… 20g
- 牛乳 …… 適量
- 卵黄 …… 2個
- きび砂糖 …… 35g（10gと25gに分ける）
- 無塩バター …… 10g
- 薄力粉 …… 35g
- 卵白 …… 2個
- A
  - 生クリーム（乳脂肪分47%） …… 70g
  - きび砂糖 …… 7g

準備
- 薄力粉はふるう。
- バターは湯煎で溶かし、そのままにしておく。
- 22×18cmのサイズにわらばん紙の型を作り、バットに敷く（p.11）。
- オーブンは200℃に予熱する。

作り方

1. **紅茶液作り**　ボウルにティーバッグ1個と熱湯を入れて2分おく。ティーバッグを絞ってとり出し、牛乳を足して計20gにする。
    *牛乳は少量でも必ず加えてください。

2. **生地作り**　ボウルに卵黄を入れて泡立て器でほぐし、きび砂糖10gを加えて白っぽくなるまで混ぜる。1、ティーバッグ1個分の茶葉、溶かしたバターを加えて軽く混ぜる。薄力粉を一度に加え、粉が見えなくなるまでゴムベラで混ぜる。

3. p.44「プレーンシフォン」の2〜3と同様に作る。

4. **焼成**　型に流し込み、表面をゴムベラで軽く平らにする。200℃のオーブンで約8分焼成。途中4分あたりで向きを変える。

5. 焼きあがったら網にのせて、紙をすべてはがしてまた被せる。布巾をかけて少し粗熱をとる。

6. **ホイップ作り**　氷水をあてたボウルにAを入れて、8〜9分立てにする。

7. **組み立てる**　巻きやすくするため、シート生地に定規を軽くあてて折り目をつける。手前は1cm、奥へいくごとに間隔をあけて一番奥は3cmぐらいにする。

8. ホイップを全体に塗り、手前から巻く。巻き終えたら軽く締め、紙で包んで落ち着くまで冷蔵庫で冷やす。

とろける小倉ロール

水分を入れず、粉の量もできるだけ減らした生地は、びっくりするほど柔らかい食感です。仕上げのときはやさしく巻いてください。

とろける抹茶ロール

抹茶生地には、ホワイトチョコのクリームを挟みました。抹茶はぜひ本物を使って、豊かな風味を味わってください。最初に抹茶を砂糖と合わせておくときれいな発色に。

とろける小倉ロール

材料 22×28cmのシート生地1枚分
- 卵黄 …… 4個
- きび砂糖 …… 60g（20gと40gに分ける）
- 卵白 …… 4個
- 薄力粉 …… 40g
- 米油 …… 15g
- 生クリーム（乳脂肪分47%）…… 100g
- つぶあん（p.7）…… 100g

準備
- 薄力粉はふるう。
- 22×28cmのクッキングペーパーの型を作り、バットに敷く（p.11）。
- オーブンは200℃に予熱する。

作り方
1. **卵黄生地作り** ボウルに卵黄を入れて泡立て器でほぐし、きび砂糖20gを加えて白っぽくなるまで混ぜる。
2. **メレンゲ作り** 氷水をあてた別のボウルに卵白を入れて、ハンドミキサーの高速で泡立てる。少し角が立ったらきび砂糖40gを4回に分けて加える。角がピンと立つまで泡立てる（p.38「柔らかいメレンゲ」）。
3. **卵黄生地と合わせる** メレンゲに卵黄生地を全部加えて、泡立て器で軽く混ぜる。
4. 薄力粉を加えて、粉が見えなくなるまでゴムベラで混ぜる。米油を加えて、全体にいきわたるくらいまで混ぜる。
5. **焼成** 型に流し込み、表面をゴムベラで軽く平らにする。200℃のオーブンで約8〜9分焼く。途中5分あたりで向きを変える。
6. 焼きあがったら網にのせて、紙をすべてはがしてまた被せる。布巾をかけて少し粗熱をとる。
7. **小豆ホイップ作り** 氷水をあてたボウルに生クリームを入れて、7分立てにする。つぶあんを加えて混ぜる。
8. **組み立てる** 7を生地全体に塗り、手前からそっと巻く。紙で包んで、落ち着くまで冷蔵庫で冷やす。

とろける抹茶ロール

材料 22×28cmのシート生地1枚分
- 抹茶（p.7）…… 6g
- きび砂糖 …… 60g（20gと40gに分ける）
- 卵黄 …… 4個
- 卵白 …… 4個
- 薄力粉 …… 40g
- 米油 …… 15g
- 生クリーム（乳脂肪分47%）…… 100g（10gと90gに分ける）
- クーベルチュール（ホワイト）…… 25g

準備
- 抹茶はふるう。
- ボウルにクーベルチュールと生クリーム10gを入れて、湯煎で溶かす。
- 上記以外は、「とろける小倉ロール」と同様に準備する。

作り方
1. **生地作り** 小さなボウルに抹茶を入れて、きび砂糖20gを加えて、小さなゴムベラですり合わせる。
   ＊細かい粒子の抹茶を十分に混ぜておくことで、きれいな発色になります。
2. 別のボウルに卵黄を入れて泡立て器でほぐし、1を加えて混ぜる。
3. 「とろける小倉ロール」の2〜6と同様に作る。
4. **チョコホイップ作り** 氷水をあてたボウルに生クリーム90gを入れて、7分立てにする。クーベルチュールを溶かした生クリームを加えて混ぜる。
5. **組み立てる** 4を生地全体に塗り、手前からそっと巻く。紙で包んで、落ち着くまで冷蔵庫で冷やす。

小麦粉なしのショコラロール

ココアを少し使っているだけなので、口に含むとすっとほどけます。相性のいいチーズクリームを挟みました。

材料　16×16cmのシート生地1枚分

- 卵黄……2個
- グラニュー糖……30g
  （10gと20gに分ける）
- 卵白……2個
- 米油……10g
- クーベルチュール（スイート）……15g
- ココア……18g
- A｜クリームチーズ……18g
　｜グラニュー糖……6g
- 生クリーム（乳脂肪分47％）……50g

準備

- ココアはふるう。
- ボウルにクーベルチュールを入れて、湯煎で溶かし、そのままにしておく。
- 16×16cmのわらばん紙の型を作り、バットに敷く（p.10）。
- オーブンは200℃に予熱する。

作り方

1. **卵黄生地作り**　小さなボウルに卵黄を入れてハンドミキサーの高速でほぐし、グラニュー糖10gを加えて白っぽくなるまで混ぜる。
2. **メレンゲ作り**　氷水をあてた別のボウルに卵白を入れて、ハンドミキサーの高速で泡立てる。少し角が立ったらグラニュー糖20gを2回に分けて加える。角がピンと立つまで泡立てる（p.38「柔らかいメレンゲ」）。
3. **卵黄生地と合わせる**　1に米油を加えて混ぜ、溶かしたクーベルチュールを加えてさらに混ぜる。そこにひとすくいのメレンゲとココアを入れて、泡立て器でしっかり混ぜる。残りのメレンゲをすべて加えて、ゴムベラでさっくりと混ぜる。
4. **焼成**　型に流し込み、表面をゴムベラで軽く平らにする。200℃のオーブンで約9分焼く。途中5分あたりで向きを変える。焼きあがったら網にのせて、紙をすべてはがしてまた被せる。布巾をかけて少し粗熱をとる。
5. **チーズクリーム作り**　小さめのボウルにAを入れ、ゴムベラで練る。コンロに直接のせてごく弱火にかけ、柔らかいペースト状にする。氷水をあてた別のボウルに生クリームを入れて、7分立てにホイップする。そこにペースト状のクリームチーズを加えて、素早く混ぜる。
6. **組み立てる**　シート生地に4カ所均等に折り目を入れ、真ん中にチーズクリームをすべてのせる。両端からクリームを包むように巻く。紙で包み、そのうえからラップを巻いて、落ち着くまで冷蔵庫で冷やす。食べる直前に茶こしでココア（分量外）をふるう。

ふんわりパンケーキ

メレンゲを合わせたらスフレのようにふわっふわの食感に。ホイップとりんごジャムを添えて食べるのがおすすめです。

材料　直径15cm 1枚分
- 卵黄 ...... 1個（Lサイズ）
- 牛乳 30g
- バニラオイル 1滴
- 薄力粉 10g
- 強力粉 10g
- ベーキングパウダー ...... 1g（小さじ1/4）
- 卵白 ...... 1個（Lサイズ）
- グラニュー糖 10g
- 塩 ...... ひとつまみ

準備
・薄力粉と強力粉、ベーキングパウダーは合わせてふるう。
・グラニュー糖に塩ひとつまみを混ぜる。

作り方
1. **卵黄生地作り**　小さめのボウルに卵黄を入れて、小さめの泡立て器でほぐし、牛乳を3〜4回に分けて加えて混ぜる。バニラオイルを加えて軽く混ぜる。
2. 別のボウルに粉類を入れて、**1**の1/2量を加え、小さな泡立て器でしっかり混ぜる。残りの**1**をすべて加えてしっかり混ぜる。
3. **メレンゲ作り**　氷水をあてた別のボウルに卵白を入れて、ハンドミキサーの高速で泡立てる。少し角が立ったらグラニュー糖と塩を加える。角がピンと立つまで泡立てる（p.38「柔らかいメレンゲ」）。
4. **卵黄生地と合わせる**　卵黄生地にメレンゲ1/4量を入れて、泡立て器でしっかり混ぜる。
5. 18cmのテフロン加工のフライパンに米油適量（分量外）を熱し、ごく弱火にかけておく。
6. **4**をメレンゲのボウルに戻して、ゴムベラで約10回軽く混ぜる。メレンゲが少し残っているくらい（a）。
7. **焼成**　**5**のフライパンを濡れ布巾にのせて、じゅーっと音がしたら、そのまま生地を流し、表面が平らになるようにのばす（b）。ごく弱火で蓋をして5〜7分、裏返して、蓋をせずに4〜5分焼く。

＊高さの合う蓋がなければ、ケーキ型やアルミホイルで代用を。

いちごとバナナのオムレット

ふわふわのオムレット生地にクリームとフルーツをたっぷりと挟みました。一口ほおばれば幸せいっぱいの味。カスタードを絞ってもおいしいです。生地を重ねれば、小さなデコレーションケーキにもできます。焼き色優先でオーブンからとり出してください。

材料 直径12cm 5枚分
卵白 ...... 3個（約105g）
グラニュー糖 35g
　（25gと10gに分ける）
卵黄 2個
ハチミツ 10g
薄力粉 35g
牛乳 15g
米油 10g

A │ 生クリーム
　│ （乳脂肪分47%） 100g
　│ グラニュー糖 10g
いちご 8粒
バナナ 1本半

準備
・クッキングペーパーに12cmの丸型をのせて、1cm大きくカットする。同じものを5枚用意する。丸型にはめこんで1cmの部分を立ち上がらせる（A）。
・薄力粉はふるう。
・オーブンは190℃に予熱する。

作り方

1. **メレンゲ作り** 氷水をあてたボウルに卵白を入れて、ハンドミキサーの高速で泡立てる。少し角が立ったらグラニュー糖25gを2回に分けて加える。角がピンと立つまで泡立てる（p.38「柔らかいメレンゲ」）。

2. **卵黄生地作り** 別のボウルに卵黄を入れて、泡立て器でほぐし、グラニュー糖10gとハチミツを加えて、約1分泡立てる。

3. **卵黄生地と合わせる** メレンゲに卵黄生地をすべて加えて、泡立て器でしっかり混ぜる（a）。

4. 薄力粉を加えて、ゴムベラで約20回混ぜる。牛乳と米油を加えてさらに約20〜30回混ぜる。すくい上げて垂らした生地がツヤよく、ややリボン状になればOK（b）。

5. お玉で紙の型に生地を5等分に流し込み、お玉の端を表面にあてて、振動させて円形に広げる（c）。表面を指でなでて凹凸のないようにする。中央がなだらかに山高になっているのが理想。

6. **焼成** 190℃のオーブンで約10〜12分焼く。途中5分あたりで向きを変える。

＊10分経ったら焼き色を優先して、焼けたものからとり出していいです。
＊オーブンで一度に焼けない場合は、10分くらいなら常温で出しっぱなしでOK。

7. 焼きあがったら網にのせ（d）、すぐに布巾をかける。1枚ずつ紙をはがし、粗熱をとる。

8. **仕上げ** 氷水をあてたボウルにAを入れて、8分立てにする。生地の裏側にクリームを絞る。縦半分にしたいちごと輪切りにしたバナナをのせて生地で包む。

＊冷めるとシワが寄りますが、包むときに伸びてふっくらします。
＊表面の色がよくない場合やシワシワが気になるときは、裏側を表にすることもできます。

03 基本のパウンド生地

パウンドには様々な作り方があります。この本では、バターをポマード状にして材料を加える方法と、メレンゲを後から加える別立て、バターと粉を合わせる3つの方法をご紹介。異なる食感を楽しんでください。

バターケーキ

20年以上焼き続けてきたお気に入りの別立てのバターケーキです。バターにたっぷりの空気を含ませるのが、おいしく仕上げるポイント。泡立てるのに少し根気が要りますが、焼きあがりのふわっふわの食感は格別です。常温で召し上がれ。

ブランデーケーキ
ホワイトチョコレートがけ

バターケーキ

材料 縦21×横7×高さ6cmのパウンド型1本分
- 無塩バター ⋯⋯ 110g
- 三温糖 ⋯⋯ 100g
  （40gと60gに分ける）
- 塩 ⋯⋯ 0.5g（小さじ1/8）
- 牛乳 ⋯⋯ 10g
- ハチミツ ⋯⋯ 10g
- 卵黄 ⋯⋯ 2個
- 卵白 ⋯⋯ 2個
- 薄力粉 ⋯⋯ 110g

準備
- 三温糖と薄力粉はそれぞれふるう。
- ボウルに牛乳とハチミツを入れて混ぜる。
- 型にわらばん紙を敷く。コンベクションオーブンを使う場合は、型に濡らした新聞紙を巻いておく（p.11）。
- オーブンは170℃に予熱する。

① バターを泡立てる

ボウルにバターを入れる。コンロにのせて約5〜10秒、ごく弱火にかけて、すぐに火からおろす。
＊冷えたバターの場合にする。すでに柔らかければ、火にかけなくてOK。

ハンドミキサーの羽根で、バターを柔らかくするように混ぜて、ある程度柔らかくなったら低速でポマード状にする。
＊ポマード状とは、滑らかなマヨネーズのような状態のこと。

三温糖40gと塩を加えて、高速で白っぽくなるまで混ぜる。

ボウルをコンロにのせて、約5秒弱火にかけて火からおろす。バターを緩めにして砂糖を溶かして混ぜるイメージで、高速で約1分混ぜる。

ボウルを氷水にあてる。バターに空気を入れるため、白っぽくふんわりするまで約2分高速で混ぜる。まだ砂糖の粒が見える状態。

再びコンロにのせて、約5〜10秒弱火にかけて火からおろす。高速で約1分混ぜる。

ボウルを再び氷水にあてる。白っぽくふんわりするまで高速で約2分混ぜる。この温める→冷やすの流れをもう1〜2回繰り返す。

砂糖の粒が見えなくなり、ジャリッとした質感もなくなり、最初のバターから3〜4倍の量になったらOK。

② 牛乳とハチミツ、卵黄を加える

常温で約30秒混ぜ続け、牛乳とハチミツを混ぜたものを2回に分けて加えて、高速でしっかり混ぜる。卵黄を加えて、さらにしっかり混ぜる。

3 強いメレンゲを作る   **4 メレンゲと粉を加える**

このような質感になる。メレンゲを泡立てる間、常温で置いておく。

氷水をあてた別のボウルに卵白を入れて、ハンドミキサーでコシを切る。三温糖60gを4回に分けて加える。角がピンと立つまで泡立てる（p.38「強いメレンゲ」）。

卵黄生地にメレンゲ1/3量と薄力粉1/2量を加えて、泡立て器でしっかり混ぜる。
＊卵黄生地が緩ければ氷水をあてて冷やし、固ければ泡立て器で滑らかになるまで混ぜて。

6 焼成

メレンゲ1/3量と残りの粉を加えて、ゴムベラで混ぜる。半分ほど混ぜたら、残りのメレンゲをすべて加えてしっかり混ぜる。

焼成前の生地。混ぜすぎてメレンゲのふんわり感をなくさないこと。型に流し込み、ゴムベラで平らにならす。

170℃のオーブンで約45分焼く。途中25分あたりで型の向きを変える。焼きあがったら、型から出して紙をすべてはがし、網にのせる。布巾をかけて少し粗熱をとり、ラップでふんわりと包む。

Arrange

ブランデーケーキ

バターケーキにたっぷりのブランデーをしみこませました。お酒の好きな方なら、きっと気に入るはず。1週間ほど日持ちします。

作り方（1本分）
1. ボウルにシロップ60g（p.17）とブランデー80gを入れて、しっかり混ぜる。
2. 粗熱のとれたバターケーキに、1を刷毛で全面にたっぷりと塗る。
3. 全量塗り終えたら、ラップで二重に包んで冷蔵庫で1時間落ち着かせる。
   ＊充分冷えてシロップがなじんだら、常温に戻して食べるとおいしいです。

ホワイトチョコレートがけ

ホワイトチョコレートをかけただけの簡単アレンジですが、これがとてもおいしい。ぜひ試してみてください。

作り方（1本分）
1. 粗熱のとれたバターケーキをラップでくるみ、冷蔵庫で冷やす。
2. ボウルにパータグラッセ（ホワイト）60gを入れて、湯煎で溶かす。これを1の上からかける。

パイナップルとくるみのケーキ

バターケーキと相性のいいパインの缶詰と、アクセントにくるみを入れました。重みのあるパインを入れるのでベーキングパウダーを少し加えました。パインの甘みが強いので、砂糖は控えめ。アイスクリームを添えればおもてなしの一皿に。

材料　直径15cm 丸型1台分
- 無塩バター …… 100g
- 三温糖 …… 75g（30gと45gに分ける）
- 塩 …… 0.5g（小さじ1/8）
- 卵黄 …… 2個
- パイン缶のシロップ …… 30g（10gと20gに分ける）
- 卵白 …… 2個
- 薄力粉 …… 100g
- ベーキングパウダー …… 1g
- パインスライス（缶詰） …… 4枚
- くるみ*（ローストしたもの） …… 35g

＊ローストしていない生のくるみを使うときは、140℃のオーブンで約10分ローストする。

準備
- 薄力粉とベーキングパウダーを合わせて、軽く混ぜてからふるう。
- 三温糖はふるう。
- パインスライスは1cm程度にカットする。
- くるみは粗めに刻む。
- 型にクッキングペーパーを敷く（p.11）。
- オーブンは180℃に予熱する。

作り方

1. **バター生地作り**　ボウルにバターを入れて、約5秒ごく弱火にかけてすぐに火からおろす。ハンドミキサーの低速でポマード状にする。三温糖30gと塩を加えて、高速で白っぽくなるまで混ぜる。

2. 再び弱火に約5秒かけて火からおろす。バターを緩めにして、砂糖を溶かして混ぜるイメージで、約1分高速で混ぜる。

3. ボウルを氷水にあてる。バターに空気を入れるため、白っぽくふんわりするまで約2分高速で混ぜる。氷水を外して、約1分混ぜ続ける。

4. この温める2→冷やす3の流れをもう1回繰り返し、最初のバターから2倍の量にする。卵黄とパイン缶のシロップ10gを加えて混ぜる。

5. **メレンゲ作り**　氷水をあてた別のボウルに卵白を入れて、ハンドミキサーでコシを切る。三温糖45gを4回に分けて加える。角がピンと立つまで泡立てる（p.38「強いメレンゲ」）。

6. **バター生地と合わせる**　バター生地にメレンゲ1/3量と粉類1/2量を加えて、泡立て器で混ぜる。メレンゲ1/3量と残りの粉類を加えて、ゴムベラで半分ほど混ぜたら、カットしたパインと粗く刻んだくるみを加えて混ぜる。残りのメレンゲをすべて加えて、粉が見えなくなるまで混ぜる。

7. **焼成**　型に流し込み、180℃のオーブンで約45分焼く。途中25分あたりで型の向きを変える。焼きあがったら、型から出して紙をすべてはがし、熱いうちにパイン缶のシロップ20gを刷毛で全面に塗る。布巾をかけて少し粗熱をとり、ラップでふんわりくるむ。

フルーツケーキ

ナッツやドライフルーツをぎっしり入れて、どっしりと仕上げたパウンドです。ドレンチェリーを入れるとカット面も彩りきれいに仕上がります。やや重くどっしりとした方がおいしいので、バターケーキ（p.56）ほどバターは泡立てません。

材料 縦21×横7×高さ6cmのパウンド型1本分
- アーモンドスライス …… 10g
- オレンジピール …… 20g
- ドレンチェリー（赤・青）…… 各6個
- くるみ（ローストしたもの）…… 20g
- ドライフルーツの洋酒漬け …… 100g ＊市販品でもOK。
- 無塩バター …… 130g
- 三温糖 …… 90g（40gと50gに分ける）
- 塩 …… 少々
- 卵黄 …… 2個
- 卵白 …… 2個
- 薄力粉 …… 150g
- シロップ（p.17）…… 20g
- ラム酒 …… 20g

準備
- 薄力粉はふるう。
- ラム酒シロップを作る。ボウルにシロップとラム酒を入れて混ぜ合わせる。
- 型にわらばん紙を敷く（p.11）。
- オーブンは180℃に予熱する。

作り方

1. **フィリング作り** 140℃のオーブンで、アーモンドスライスを約5分ローストする。オレンジピールは粗みじんに、ドレンチェリー、くるみは半分にカットする。
   ＊生のくるみのときはアーモンドスライスと一緒に約10分ローストし、途中5分でアーモンドスライスをとり出す。

2. ボウルにドライフルーツの洋酒漬けとアーモンドスライス、オレンジピール、ドレンチェリー、くるみを入れて混ぜる（a）。使用量は約200g。

3. **バター生地作り** ボウルにバターを入れて、約5秒ごく弱火にかけてすぐに火からおろす。ハンドミキサーの低速でポマード状にする。三温糖40gと塩を加えて高速で白っぽくなるまで混ぜる。

4. 再び約5秒弱火にかけて火からおろす。バターを緩めにして、砂糖を溶かして混ぜるイメージで、約1分高速で混ぜる。

5. ボウルを氷水にあてる。バターに空気を入れるため、白っぽくふんわりするまで約2分高速で混ぜる。氷水を外して、約1分混ぜ続ける。

6. この温める4→冷やす5の流れをもう1回繰り返し、最初のバターから2倍の量にする。卵黄を加えて混ぜる。

7. **メレンゲ作り** 氷水をあてた別のボウルに卵白を入れて、ハンドミキサーでコシを切る。三温糖50gを4回に分けて加える。角がピンと立つまで泡立てる（p.38「強いメレンゲ」）。

8. **バター生地と合わせる** 卵黄生地にメレンゲ1/3量と薄力粉1/2量を加えて、泡立て器で混ぜる。メレンゲ1/3量と残りの粉を加えて、ゴムベラで半分ほど混ぜたら、2を加えて軽く混ぜる。残りのメレンゲをすべて加えて粉が見えなくなるまで混ぜる。

9. **焼成** 型に流し込み、ゴムベラで平らにならす。包丁で表面に一本筋を入れる。180℃のオーブンで約50〜55分焼く。途中30分あたりで型の向きを変える。焼きあがったら、型から出して紙をすべてはがす。熱いうちにラム酒シロップを刷毛で全面に塗る。布巾をかけて少し粗熱をとり、ラップでふんわりくるむ。

ドライフルーツの洋酒漬けの作り方

清潔な密閉容器にレーズン100g、サルタナレーズン50g、カレンツ50gを入れて、ラム酒をひたひたになるまで注ぐ。ラップで覆い、蓋をして保存。使う日の1日前から用意するとよい。保存期間は4ヶ月。

レモンバターケーキ

バターケーキ（p.56）をレモン風味にアレンジ。配合が異なるだけで、作り方は一緒の爽やかな味わいです。レモンケーキ型で焼くときは180℃で約20〜25分です。

いちじくとラムのケーキ

いちじくとくるみとラムは、飽きのこない組み合わせです。数日おくと、しっとりとしてさらにおいしくなります。

レモンバターケーキ

材料 縦21×横7×高さ6cmのパウンド型1本分
レモンの皮（すりおろす）...... 大1個分
上白糖 ...... 100g（40gと60gに分ける）
無塩バター 100g
牛乳 10g
卵黄 2個
卵白 2個
薄力粉 100g
シロップ（p.17）...... 25g
レモン汁 ...... 13g（8gと5gに分ける）
粉糖 30g

準備
・上白糖はふるう。
・レモンシロップを作る。ボウルにシロップとレモン汁8gを入れて混ぜ合わせる。
・上記以外は、p.56「バターケーキ」と同様に準備する。

作り方
1. **生地作り** まな板にすりおろしたレモンの皮と上白糖40gをおき、パレットナイフで2つをすり合わせて香りをつける。
2. p.56「バターケーキ」の**1～6**と同様に作る。
3. **仕上げ** 焼きあがったら熱いうちに、レモンシロップを刷毛で全面に塗る。
4. ボウルに粉糖とレモン汁5gを入れて、ゴムベラで混ぜてグレーズ*を作る（a）。これを上面にだけ塗る（b）。　*グレーズとはお菓子の表面に塗り、乾燥を防ぐものです。
5. グレーズを乾燥させて透け感を出すため、210℃のオーブンで約1～2分焼き、粗熱をとる。

いちじくとラムのケーキ

材料 縦21×横7×高さ6cmのパウンド型1本分
ドライいちじく小粒 ...... 77g（約20粒）
ラム酒 ...... 75g（35gと30g、10gに分ける）
くるみ（ローストしたもの）...... 45g
無塩バター 110g
三温糖 45g
きび砂糖 45g
塩 ...... 0.5g（小さじ1/8）
卵黄 2個
薄力粉 110g
卵白 ...... 2個分（110g）
シロップ（p.17）...... 30g

準備
・ボウルにいちじくを入れ、ラム酒35gを注いでラップをし、1日～1週間おく。
・三温糖ときび砂糖を合わせてふるい、40gと50gに分ける。
・ラム酒シロップを作る。ボウルにシロップとラム酒30gを入れて混ぜ合わせる。
・上記以外は、p.61「フルーツケーキ」と同様に準備する。

作り方
1. **生地作り** ラム酒に漬けたいちじくは厚めにスライスし、くるみは粗く刻む。ボウルにいちじくとくるみを入れて、ラム酒10gを加えて和える（a）。
2. p.61「フルーツケーキ」の**3～8**と同様に作る。
3. **焼成** 型に流し込み、ゴムベラで平らにならす。180℃のオーブンで約50分焼く。途中25分あたりで型の向きを変える。焼きあがったら、型から出して紙をすべてはがす。熱いうちにラム酒シロップを刷毛で全面に塗る。布巾をかけて少し粗熱をとり、ラップでふんわりとくるむ。

キャラメルりんごケーキ

焼きあがったら引っくり返す、とても簡単で失敗のないアップサイドダウンケーキです。この生地に合うりんごはフジなど、普段家で食べているものがいいです。ホイップとシナモンを添えるとよそゆきの味に。温め直してもおいしいです。

材料 15cm 角型 1 台分

無塩バター 50g
薄力粉 100g
ベーキングパウダー 5g
三温糖 80g
塩 ..... ひとつまみ
卵 2個
牛乳 75g

・キャラメルりんご
りんご ..... 1個半＊（約 320g）
グラニュー糖 50g
水 20g
ラム酒 5g

＊りんごの量は好みで増やしても可。

準備
・薄力粉とベーキングパウダーを合わせて、軽く混ぜてからふるう。
・三温糖はふるう。
・型にクッキングペーパーを敷く（p.11）。
・オーブンは 180℃に予熱する。

作り方

1. **キャラメルりんご作り** りんごは1個を8等分にして、皮をむいて芯をとる。小鍋にグラニュー糖と水を入れて中火にかけ、混ぜながら加熱する。薄い茶色になったら火を止め、りんごとラム酒を加えて混ぜる。

2. 再び強中火にかけて、りんごを煮詰める。水分がなくなりはじめてきたら、火を止めてそのまま冷ます（a）。

3. **生地作り** ボウルにバターを入れて、約5秒ごく弱火にかけてすぐに火からおろす。泡立て器でポマード状にする。ボウルを氷水にあてて、白っぽくふんわりするまで混ぜる。氷水を外して、約30秒さらに混ぜる。

4. 粉類を一度に加え、粉とバターが合わさってぽろぽろになるまで泡立て器で混ぜる。

5. 別のボウルに三温糖、塩、卵、牛乳を入れてしっかり混ぜる。4に5回に分けて加え、泡立て器でそのつどしっかり混ぜる。

6. **焼成** 型の底にキャラメルりんごを並べる（b）。キャラメルは鍋に残しておく。

    ＊キャラメルをケーキの底に敷くと、見栄えが悪くなるので必ず残しておいてください。

7. 型に生地を流し込み、180℃のオーブンで約45分焼く。途中20分あたりで型の向きを変える。焼きあがったら底を軽くたたき、あとは型のまま表面が平らになるまで少しおく。

8. **仕上げ** 少し粗熱がとれて平らな表面になったら型から出し、側面の紙をはがす。網をかぶせて逆さまにのせ、底の紙をそっとはがしてそのまま冷ます。鍋に残ったキャラメルを少し煮詰めて刷毛でりんごののった面に塗る。

チョコバナナケーキ

混ぜていくだけで簡単にできるアメリカンタイプのバナナケーキ。熟したバナナを使ってください。

材料 15cm 角型 1 台分
バナナ ..... 3 本（約 180g）
無塩バター 90g
三温糖 90g
塩 1.5g
卵 ..... 1 個（L サイズ）
薄力粉 125g
ベーキングパウダー 2g
ベーキングソーダ* 2g
くるみ（ローストしたもの）..... 50g
パータグラッセ（スイート）..... 70g
*ベーキングソーダがなければベーキングパウダー 4g で OK。

準備
・薄力粉とベーキングパウダー、ベーキングソーダを合わせて、軽く混ぜてからふるう。
・三温糖はふるう。
・くるみは粗めに刻む。
・型にクッキングペーパーを敷く (p.11)。
・オーブンを 180℃に予熱する。

作り方
1 **ピュレ作り** ボウルにバナナを入れて、フォークでつぶしてピュレ状にする。
2 **生地作り** 別のボウルにバターを入れて、約 5 秒ごく弱火にかけてすぐに火からおろす。ハンドミキサーでポマード状にする。三温糖と塩を加えて白っぽくなるまで混ぜる。
3 別のボウルに卵を入れてほぐし、2 に 2 回に分けて加えて混ぜる。1 を 2 回に分けて加えてさらに混ぜる。
　*分離しているときは、ほんの少し温めると改善します。
4 粉類を一度に加えて、ゴムベラで半分ほど混ぜたら、粗く刻んだくるみを加えてしっかり混ぜる。
5 **焼成** 型に生地を流し込み、平らにならす。180℃のオーブンで約 40 分焼く。途中 20 分あたりで型の向きを変える。焼きあがったら網にのせて紙をすべてはがし、布巾をかけて冷ます。
6 **仕上げ** ボウルにパータグラッセを入れて、湯煎で溶かす。これをケーキの上からかける。

くるみクグロフ

ショートニングと浮き粉を入れたサクサクホロホロの食感です。
それぞれバターと薄力粉で代用可。パウンド型でも作れます。

材料 直径15×高さ8cmの
　　　クグロフ型1台分
無塩バター …… 80g
ショートニング *（オーガニック）（p.7）…… 20g
三温糖 …… 60g
塩 …… 0.5g（小さじ1/8）
ブランデー …… 10g
卵 …… 2個
薄力粉 …… 100g
浮粉**（またはコーンスターチ）…… 20g
ベーキングパウダー …… 1g
くるみ（ローストしたもの）…… 35g
牛乳 …… 15g
ハチミツ …… 20g
粉糖 …… 適量
*バターでも可。
**薄力粉でも可。

準備
・バターとショートニングを室温に出しておく。
・薄力粉と浮き粉、ベーキングパウダーを合わせて、軽く混ぜてからふるう。
・三温糖はふるう。
・牛乳とハチミツは混ぜておく。
・くるみは薄くスライスする。
・型にバターを塗って、強力粉（どちらも分量外）をまぶし、余分な粉をはらって冷蔵庫に入れる（p.10）。
・オーブンは170℃に予熱する。

作り方

1　**生地作り**　ボウルにバターとショートニングを入れてハンドミキサーでポマード状にする。三温糖と塩を加え、白っぽくなるまで混ぜる。ブランデーを加えて混ぜ、卵を6回に分けて加えて混ぜる。
　＊分離しているときは、ほんの少し温めると改善します。

2　粉類を一度に加えて、ゴムベラで半分ほど混ぜたら、薄くスライスしたくるみを加えて混ぜる。牛乳とハチミツを加えて、ツヤが出るまで混ぜる。

3　型に生地をゴムベラで少しずつ入れて、空気を抜くように型を2回打ちつける。

4　**焼成**　170℃のオーブンで約30分焼き、160℃に下げて約10〜15分焼く。途中型の向きを変える。焼きあがったら型の周囲を軽く叩き、逆さまにして型から出し、網にのせて少し粗熱をとり、ラップでふんわりとくるむ。食べる直前に茶こしで粉糖をかける。

04 基本のマフィン生地

ボウルひとつにどんどん材料を混ぜて作る、気軽なお菓子のマフィン。まわりはさっくり、なかはふんわりとした食感です。焼いた当日がおいしいのですが、食べきれないものは冷凍して温めなおしてもいいです。

バニラマフィン

バニラビーンズを入れた、シンプルに生地のおいしさを味わえるマフィンです。マフィンはどんなフィリングとも相性がいいので、ジャムやカスタードなど好きなものを入れたりのせたりして、自分だけのオリジナルマフィンを作るのも楽しいですよ。

ブルーベリーとクリームチーズのマフィン
マンゴーとクリームチーズのマフィン
ピーナッツバターチョコチップマフィン

バニラマフィン

材料 直径5cmのマフィン型6個分

- 無塩バター ⋯⋯ 70g
- てんさい糖 ⋯⋯ 70g
- 塩 ⋯⋯ 0.5g（小さじ1/8）
- 卵 ⋯⋯ 1個
- バニラオイル ⋯⋯ 3滴
- バニラビーンズ* ⋯⋯ 2cm
- 薄力粉 ⋯⋯ 110g
- ベーキングパウダー ⋯⋯ 2g
- 牛乳 ⋯⋯ 30g
- ワッフルシュガー（p.7）⋯⋯ 適量

*バニラビーンズがないときはバニラオイルを3滴追加してください。

準備

- 薄力粉とベーキングパウダーを合わせて、軽く混ぜ合わせてからふるう。
- マフィン型に8号の紙カップを敷く。
- オーブンを190℃に予熱する。

1 バターをポマード状にする

ボウルにバターを入れ、泡立て器でポマード状にする。てんさい糖と塩を加えて白っぽくなるまで軽く混ぜる。

2 卵を加える

卵を加えて、ふんわりするまで混ぜる。
＊分離しているときは、ほんの少し温めると改善します。

3 香りをつける

バニラオイルを加えて混ぜる。
＊香りをつけるときは、ここで入れてください。

バニラビーンズは割いて、包丁の背で種だけを取って入れる。

4 粉を加える

粉類を半量加えて混ぜる。

5 牛乳を加える

半分ほど混ざったら、牛乳を半量加えて混ぜる。

6 焼成

残りの粉を加えて混ぜ、半分ほど混ざったら残りの牛乳を加え、粉が見えなくなるまで混ぜる。
＊生地にフィリングを混ぜるときは、ここで入れてください。

スプーン2本を使いながら、型に生地を山高に入れる。

表面にワッフルシュガーをのせる。190℃のオーブンで約25分焼く。焼きあがったら、網にのせて粗熱をとる。

ブルーベリーとクリームチーズのマフィン

ブルーベリーの酸味とクリームチーズのコクが相まって、奥ゆきのある味わいになります。ブルーベリーは冷凍のものがおすすめです。

材料 直径 5cm のマフィン型 6 個分
無塩バター …… 70g
てんさい糖 …… 70g
塩 …… 0.5g (小さじ 1/8)
卵 …… 1 個
薄力粉 …… 110g
ベーキングパウダー …… 2g
牛乳 …… 30g
クリームチーズ …… 55g
粉糖 …… 5g ＊ハチミツでも OK。
冷凍ブルーベリー …… 42 粒
クランブル (p.91) …… 適量

準備
・p.70「バニラマフィン」と同様に準備する。

作り方
1 p.70「バニラマフィン」の *1* ～ *5* と同様に作る。
2 別のボウルにクリームチーズと粉糖を入れて、ゴムベラで混ぜて練る。
3 型に生地を半分入れて、ブルーベリー5 粒と 6 等分にした *2* をのせ、上からもう半分の生地をかぶせる。表面にブルーベリー 2 粒を埋め込み、クランブルをのせる。
4 p.70「バニラマフィン」の *6* と同様に焼く。

マンゴーとクリームチーズのマフィン

ジューシーなマンゴーとクリームチーズは好相性。冷凍マンゴーで使うので、暑い夏以外でも作れます。

材料 直径 5cm のマフィン型 6 個分
無塩バター …… 70g
てんさい糖 …… 70g
塩 …… 0.5g (小さじ 1/8)
卵 …… 1 個
薄力粉 …… 110g
ベーキングパウダー …… 2g
牛乳 …… 30g
クリームチーズ …… 55g
粉糖 …… 5g ＊ハチミツでも OK。
冷凍マンゴー …… 大 6 カット
クランブル (p.91) …… 適量

準備
・p.70「バニラマフィン」と同様に準備する。

作り方
1 p.70「バニラマフィン」の *1* ～ *5* と同様に作る。
2 別のボウルにクリームチーズと粉糖を入れて、ゴムベラで混ぜて練る。
3 型に生地を半分入れて、マンゴー 1 カットと 6 等分にした *2* を入れ、上からもう半分の生地をかぶせる。表面にクランブルをのせる。
4 p.70「バニラマフィン」の *6* と同様に焼く。

ピーナッツバターチョコチップマフィン

ピーナッツバターは甘さがなく、粒の残ったチャンクタイプのものがおすすめ。ざっくりおいしいアメリカンな味わいです。

材料 直径 5cm のマフィン型 6 個分
無塩バター …… 70g
てんさい糖 …… 70g
塩 …… 0.5g (小さじ 1/8)
卵 …… 1 個
薄力粉 …… 110g
ベーキングパウダー …… 2g
牛乳 …… 30g
ピーナッツバター (p.7) …… 50g
製菓用チョコチップ …… 40g
クランブル (p.91) …… 適量

準備
・p.70「バニラマフィン」と同様に準備する。

作り方
1 p.70「バニラマフィン」の *1* ～ *5* と同様に作る。
2 全体が混ざりかけたら、ピーナッツバターとチョコチップを加えて、ゴムベラで混ざりきらないくらいのマーブル状にする。
3 型に生地を 6 等分にして入れる。表面にクランブルをのせる。
4 p.70「バニラマフィン」の *6* と同様に焼く。

モッツアレラとベーコンのマフィン

食事タイプのマフィンは小麦粉だけだとずっしりと重い生地になるので、米粉を加えて軽さを出しました。

材料 直径5cmのマフィン型6個分
- 無塩バター …… 70g
- てんさい糖 …… 10g
- 塩 …… 1.5g（小さじ1/3）
- 卵 …… 1個
- 薄力粉 …… 80g
- 米粉 …… 30g
- ベーキングパウダー …… 2g
- 牛乳 …… 30g
- コーン …… 1缶（90g）＊ドライパックのもの。
- ベーコン …… 1枚半
- モッツァレラチーズ …… 1/3個

準備
・薄力粉と米粉、ベーキングパウダーは合わせて、軽く混ぜてからふるう。
・マフィン型に8号の紙カップを敷く。
・オーブンを190℃に予熱する。

作り方
1. **生地作り** p.70「バニラマフィン」の *1*〜*5* と同様に作り、最後にコーンを加えて混ぜる。
2. ベーコンとモッツァレラチーズをそれぞれ6等分する。モッツァレラチーズにベーコンを巻く（a）。
3. 型に生地を半分入れて、*2* を入れて、上からもう半分の生地をかぶせる。
4. **焼成** 190℃のオーブンで約25分焼く。焼きあがったら型から出し、網にのせて粗熱をとる。

＊作り方はバニラマフィンと同じですが、砂糖が少ないので分離しやすいです。混ぜながら少し温めると改善します。
＊コーンだけでもおいしいです。フィリングはほかに、ソーセージやドライカレー、ツナ、ポテトサラダ、サーモン＆クリームチーズなどもおすすめ。

a

抹茶大納言カップケーキ

大納言を入れるので、甘さを少し控えました。白砂糖を使うと抹茶の色と香りが引き立ちます。

材料 直径5cmのマフィン型9個分
抹茶（p.7）…… 5g
上白糖 …… 80g
無塩バター …… 110g
卵 …… 2個弱（90g）
牛乳 …… 10g
薄力粉 …… 105g
ベーキングパウダー …… 1g
大納言小豆（市販品）…… 50g ＊甘納豆でもよい。

準備
・「薄力粉とベーキングパウダー」、「抹茶と上白糖」をそれぞれ合わせて、軽く混ぜてからふるう。
・マフィン型に8号の紙カップを敷く。
・オーブンを180℃に予熱する。

作り方

1 **生地作り** 小さなボウルに抹茶と上白糖を入れて、小さなゴムベラですり合わせる。
2 別のボウルにバターを入れて、泡立て器でポマード状にする。**1**を加えて、白っぽくふんわりするまで混ぜる。
3 別のボウルに卵を入れて泡立て器でほぐし、**2**に6回に分けて加える。加えるときは、入れたものがなじんでから次を加えるとよい。
＊細かく分けて加えるほど、分離が少なく済みます。
4 牛乳を少しずつ加えて混ぜる。
5 粉類を一度に加えてゴムベラで半分ほど混ぜたら、大納言小豆を入れてツヤが出るまで混ぜる。
6 **焼成** スプーン2本を使って、型に生地を山高に入れる。180℃のオーブンで約25分焼く。途中12分あたりで向きを変える。焼きあがったら型から出し、網にのせて布巾をかけ、粗熱をとる。

マシュマロチョコケーキ

ぷっくりとした見た目が愛らしいカップケーキは、ココアカップケーキにマシュマロを絞ってチョコがけにしたもの。食べたときに3つの異なる食感を楽しめます。上にかけるチョコはスイート以外に、ミルクもおいしいです。

材料　直径5cmのマフィン型9個分

- 無塩バター …… 110g
- 三温糖 …… 90g
- 塩 …… 0.5g（小さじ1/8）
- 卵 …… 2個弱（90g）
- 牛乳 …… 10g
- 薄力粉 …… 95g
- ココア …… 15g
- ベーキングパウダー …… 1g
- パータグラッセ（スイート）…… 200g

・マシュマロ
- 卵白 …… 20g
- グラニュー糖 …… 50g（5gと45gに分ける）
- 水飴 …… 15g
- 水 …… 8g
- A｜粉ゼラチン …… 5g／冷水 …… 15g

準備
- 薄力粉とココア、ベーキングパウダーは合わせて軽く混ぜてからふるう。
- 三温糖はふるう。
- ボウルにAを入れてふやかし、軽くほぐす。
- マフィン型に8号の紙カップを敷く。
- オーブンは180℃に予熱する。

作り方

1. **生地作り**　ボウルにバターを入れ、泡立て器でポマード状にする。三温糖と塩を加えて、白っぽくふんわりするまで混ぜる。
2. 別のボウルに卵を入れて泡立て器でほぐし、1に6回に分けて加える。加えるときは、入れたものがなじんでから次を加えるとよい。
3. 牛乳を少しずつ加えて混ぜる。
4. 粉類を一度に加えて、ゴムベラで粉が見えなくなるまで混ぜる。
5. **焼成**　スプーン2本を使って、型に生地を山高に入れる。180℃のオーブンで約25分焼く。途中12分あたりで向きを変える。焼きあがったら型から出して網にのせ、布巾をかけて粗熱をとる。
6. **マシュマロ作り**　氷水をあてた別のボウルに卵白を入れて、ハンドミキサーの高速でコシを切る。グラニュー糖5gを加える。角がピンと立つまで泡立てる。
7. 小鍋にグラニュー糖45gと水飴、水を入れて、ゴムベラで混ぜながら中火にかける。グラニュー糖が溶けたら、混ぜるのをやめて強火にする。125℃を過ぎたら火をとめてほぐしたゼラチンを加えて混ぜる。
   ＊熱いのでヤケドに注意してください。
8. 6のボウルを布巾で斜めに固定し、7を加えながら、ハンドミキサーの高速で混ぜ、すべてを加えた後も、冷めて羽根の跡がしっかり残るまで混ぜ続ける（a,b）。
9. **組み立て**　1cmの丸口金をつけた絞り袋に入れて、ココアカップケーキの上に丸く絞り出し（c）、冷蔵庫に入れて冷やす。
   ＊絞り終わりはシュッと切るようにするとうまくいきます。
10. ボウルにパータグラッセを入れて、湯煎にかけて溶かす。9を逆さまにしてマシュマロ部分だけにつけて（d）、室温において固める。

バタフライケーキ

イギリスのティータイムで定番の、蝶を模したカップケーキです。トップ部分をバタフライにするため、小さなサイズで焼きました。ホールサイズで焼くとビクトリアケーキになります。なかに入れるジャムを替えたりしてもいいです。

材料 直径5cmのマフィン型10個分
無塩バター …… 110g
三温糖 …… 90g
塩 …… 0.5g（小さじ 1/8）
卵 …… 2個弱（90g）
牛乳 …… 10g
薄力粉 …… 110g
ベーキングパウダー …… 1g
バタークリーム（p.39）…… 適量
いちごジャム（p.7）…… 適量
粉糖 …… 適量

準備
・薄力粉とベーキングパウダーを合わせて、軽く混ぜてからふるう。
・三温糖はふるう。
・マフィン型に6号の紙カップを敷いておく。
・オーブンは180℃に予熱する。

作り方
1. **生地作り** ボウルにバターを入れ、泡立て器でポマード状にする。三温糖と塩を加えて白っぽくふんわりするまで混ぜる。
2. 別のボウルに卵を入れて泡立て器でほぐし、*1*に6回に分けて加える。加えたものがなじんでから次を加えるとよい。
3. 牛乳を少しずつ加えて混ぜる。
4. 粉類を一度に加えて、ゴムベラで粉が見えなくなるまで混ぜる。
5. **焼成** スプーン2本を使って、型に生地を山高に入れる。180℃のオーブンで約23分焼く。途中10分あたりで向きを変える。焼きあがったら型から出し、網にのせて布巾をかけ、粗熱をとる。
6. **組み立て** ケーキの丸いトップ部分を切り落とし、2等分にカットする（a）。
7. 8切#6の星口金をつけた絞り袋にバタークリームを入れて、ケーキのカット面にドーナツ状に絞る（b）。その中心にジャムをなるべくたっぷり入れる（c）。
8. *6*のトップ部分のカット面をジャムに刺さるよう下に向けて、蝶の羽をイメージして飾る（d）。粉糖をふる。

05 かんたんおやつ

ここからは、心がほっと和むようなおやつをご紹介します。これまでの材料を使いながら、気負わずにちゃちゃっと作れるものを集めました。

カステラ

ポルトガルの「パン・デ・ロー」というお菓子がルーツといわれる日本のお菓子。共立てでも別立てでも作れて、それぞれに特徴があり、食感も少し異なります。スーパーで手に入る米飴を使うと、本格的なカステラの味になりますよ。

共立て生地

- 新鮮な卵を使うことが鉄則
- これぞカステラという懐かしい味わい
- ボウルひとつで簡単にできる

別立て生地
・日にちが経った卵でもおいしくできる
・共立てよりさっぱりしていてスポンジっぽい
・失敗しらずで共立てより焼き時間が短い

共立てカステラ

共立てでカステラを作るときのなによりも大切なコツは、新鮮な卵を使うこと。卵が新鮮であるほど、美しいカステラに仕上がります。あとは材料を混ぜていくだけで、簡単にできます。別立てよりも少し焼き時間がかかります。

材料 15cm 角型 1 台分
卵 …… 4 個弱（190g）
上白糖 …… 110g
米飴 …… 30g ＊ハチミツでも可。
熱湯 …… 20g
強力粉 …… 75g
米油 …… 15g
ザラメ …… 6g

準備
・強力粉と上白糖はそれぞれふるう。
・ボウルに米飴と熱湯を加えて溶かしてから冷ます。
・型にクッキングペーパーを敷き、ホチキスで留める (p.11)。
・新聞紙 3 枚を重ねて広げ、縦半分にし、それをまた 3 つ折にして、水で濡らす。
・オーブンは 180℃に予熱する。
・霧吹きを用意する。

作り方（共立て生地）

1. **生地作り** ボウルに卵を入れてハンドミキサーの高速でほぐし、上白糖を加えて混ぜる。
2. コンロに直接のせて、ごく弱火にかける。低速で円を描くように約 20 秒混ぜて、砂糖が溶けてきたら火からおろす。濡れ布巾の上にボウルを斜めに置いて、ときどきボウルを回しながら高速で泡立てる。粗く大きな気泡ができはじめたら、低速にする。すくい上げて垂らした生地がうっすら残るくらいになれば OK (a)。
3. 米飴水を加えて、ハンドミキサーの高速で 5 秒混ぜる。
4. 強力粉を一度に加えて羽根で軽く混ぜ、高速で粉が見えなくなるまで 5〜7 秒混ぜる。
5. 米油を加えて、高速で 5 秒混ぜる (b)。全体をゴムベラで混ぜ、混ぜ残しがないかチェックする (c)。
6. **焼成** 型の底にザラメを敷く (d)。生地をのり代わりにして型に敷いた紙を固定させる (e)。
7. 型に生地を入れ (f)、霧吹きで水を表面に軽くかける。
   ＊コンベクションのオーブンは、型のまわりに濡らした新聞紙を巻くことで、オーブンの側面の熱あたりを和らげて、全体的にふんわりと焼くことができます (g)。
   ＊上下熱のオーブンは、p.81「Memo」を参照してください。
8. 180℃のオーブンで約 20 分、160℃に下げて約 50 分焼く。
9. 焼きあがったら型から出し、網にのせて側面の紙をはがす。表面にラップをかけて逆さまにして、底の紙をそっとはがす (h)。そのまま四隅の生地をカットし、布巾をかけて粗熱をとる。まだ熱いうちにラップでふんわりくるむ。

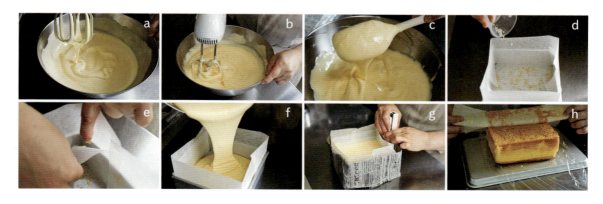

別立てカステラ

共立てのものよりも、さっぱりとしていて少しスポンジに近い仕上がりです。卵は日にちが経ったものでも失敗なく作れることと、焼き時間が少し短いことが特徴です。材料は共立てとまったく同じです。

準備
・上白糖はふるい、40gと70gに分ける。
・卵は卵黄と卵白に分ける。
・上記以外はp.80「共立てカステラ」と同様に準備する。

作り方（別立て生地）

1. **卵黄生地作り** ボウルに卵黄を入れて泡立て器でほぐし、上白糖40gを加えて軽く混ぜる。
2. **メレンゲ作り** 氷水をあてた別のボウルに卵白を入れて、ハンドミキサーの高速で泡立てる。少し角が立ったら、上白糖70gを5回に分けて加える。角がピンと立つまで泡立てる（p.38「柔らかいメレンゲ」）
3. **卵黄生地と合わせる** メレンゲに **1** を全部加えて、泡立て器で軽く混ぜる。
4. 強力粉を一度に加えて、粉が見えなくなるまでゴムベラで混ぜる。
5. 米飴水を加えて混ぜ、米油を加えてツヤがでるまで混ぜる。
6. **焼成** 型の底にザラメを敷く。型に生地を入れ、霧吹きで表面に水を軽くかける。180℃のオーブンで約10分、160℃に下げて約50分焼く。
7. 焼きあがったら型から出し、網にのせて側面の紙をはがす。表面にラップをかけて逆さまにして、底の紙をそっとはがす。そのまま四隅の生地をカットし、布巾をかけて粗熱をとる。まだ熱いうちにラップでふんわりくるむ。

Memo

カステラはもしかすると理想通りに焼けないこともあるかもしれません。
そのときは下記を参考に、工夫をしてみてください。

コンベクションオーブン
↓
塗らした新聞紙を巻いて、側面をゆっくり焼くことで、生地がふっくらと均一に伸びます。ひび割れや、周囲だけ焼けるということを防げます。

上下熱のオーブン
↓
上火が遠いと、熱のあたりが弱く、うまく焼けないかもしれません。そのため、最初は中段で焼き始めて温度を下げるときに下段に移すか、天板を逆さまにして上火に近づけて焼き始めてあとからアルミホイルをかぶせて表面の焼きすぎを防ぐなどが必要です。新聞紙を巻くときは、1枚を濡らして巻くといいです。

生焼けでなければ、多少不恰好でもおいしく食べられます。
カステラ職人になったつもりで、チャレンジしてみてください。

マドレーヌ

ふんわり柔らかく、バターの風味がする懐かしいマドレーヌです。生地を混ぜすぎると生地は詰まるものの、それなりにおいしく焼きあがるので失敗知らず。
p.86 の「フィナンシェ」のアルミケースで作ってもいいです。

材料　直径 7cm のマドレーヌ型 7 個分
卵 ..... 1 個（L サイズ）
上白糖 50g
塩 ..... ひとつまみ
薄力粉 30g
強力粉 25g
ベーキングパウダー ..... 0.5g（小さじ 1/8）
無塩バター 45g
牛乳 10g

準備
・薄力粉と強力粉、ベーキングパウダーを合わせて、軽く混ぜてからふるう。
・上白糖はふるう。
・ボウルにバターと牛乳を入れて湯煎で溶かし、そのままにしておく。
・マドレーヌ型に紙型を敷く。
・オーブンは 200℃に予熱する。

作り方

1. **生地作り**　ボウルに卵を入れてハンドミキサーの高速でほぐし、上白糖と塩を加えて混ぜる。
2. コンロに直接のせて、ごく弱火にかける。低速で円を描くように約 20 秒混ぜて、砂糖が溶けてきたら火からおろす。濡れ布巾の上にボウルを斜めに置いて、ときどきボウルを回しながら、高速で泡立てる。粗く大きな気泡ができはじめたら、低速にする。羽根の跡がうっすら残るくらいになれば OK。
3. 粉類を一度に加え、粉が見えなくなるまでゴムベラで混ぜる。
4. 溶かしたバターと牛乳を加えて、ツヤが出るまでさっくり混ぜる。
5. **焼成**　1cm の丸口金をつけた絞り袋に生地を入れて、型に生地を入れる。表面をゴムベラで軽く混ぜる。
6. 200℃のオーブンで約 10 分焼く。
   ＊ 9 分を超えたら表面の色を見て出していいです。
7. 焼きあがったら型から出し、網にのせて布巾をかける。粗熱が少しとれたら、袋に入れて保存。

フィナンシェ

黒糖のフィナンシェ
パインココナッツのフィナンシェ
紅茶のフィナンシェ

フィナンシェ

甘さも油分も控えたあっさりとした味わいのフィナンシェです。バターを焦がした、香ばしいブールノワゼットを加えるのが特徴。焦がしすぎると、くどくなってしまうので気をつけて。卵白が余ったら作ってください。

材料 直径6×高さ3cmのアルミ型5個分
- 無塩バター …… 50g
- 卵白 …… 65g*
- きび砂糖 …… 60g
- 塩 …… ひとつまみ
- 薄力粉 …… 30g
- アーモンドプードル …… 30g

＊フィナンシェは卵白の量がポイントなので、グラム表記にしています。

準備
- アーモンドプードルは140℃のオーブンで5分ローストし、薄力粉と合わせて軽く混ぜてからふるう。
- オーブンは190℃に予熱する。

作り方

1. **ブールノワゼット作り** 深さのある小鍋にバターを入れて、弱火にかける。バターが溶けたら強中火にし、沸いてきたら火からおろし、ゴムベラで全体を混ぜる（a）。
2. 再度中火にかけて、細かな泡が立ち、ほんのり狐色になったら火を止める。鍋の余熱で色をつける（b）。
   ＊途中で色がつきすぎたら、濡れ布巾にのせて温度を下げます。
   ＊生地に加えるときは粗熱をとり、55℃前後で加えます。
3. **生地作り** ボウルに卵白を入れて泡立て器でほぐし、きび砂糖と塩を加えて混ぜる。コンロにのせて約5〜10秒ごく弱火にかける。すぐに火からおろし、細かい泡が立って表面を軽く覆うくらいまで約10〜20秒泡立て器で直線を描くように混ぜる。
4. 薄力粉とアーモンドプードルを一度に加えて混ぜる（c）。
5. はかりに**4**をのせ、ブールノワゼットを茶こしでこしながら約37g加える（d）。全体にいきわたるように混ぜ、ゴムベラでまとめる。
6. **焼成** スプーン2本を使って、型に生地を入れる。
7. 190℃のオーブンで約17分焼く。途中8分あたりで向きを変える。焼きあがったら網にのせる。粗熱が少しとれたら、袋に入れて保存。
   ＊焼き立ては周囲がカリカリとしていますが、時間が経つとしっとりします。翌日が食べ頃です。

a

b

c

d

黒糖のフィナンシェ

砂糖を黒糖にするだけで、まったく違うフィナンシェになります。ちなみに教室では、黒糖とほぼ同じで、苦味とえぐみの少ない「大東製糖」の赤糖を使用しています。

材料 直径6×高さ3cmのアルミ型5個分
無塩バター 50g
卵白 65g
黒糖（p.7）..... 60g
塩 ..... ひとつまみ
薄力粉 30g
アーモンドプードル 30g

準備
・黒糖はふるう。
・上記以外はp.86「フィナンシェ」と同様に準備する。

作り方
1 p.86「フィナンシェ」と同様に作る。

パインココナッツのフィナンシェ

アーモンドプードルにココナッツを加えて、最後に相性のよいドライパインをのせました。プレーンよりも少しさっくりとした食感の、南国を思わせる味わいです。

材料 直径6×高さ3cmのアルミ型5個分
無塩バター 50g
卵白 65g
三温糖 60g
塩 ..... ひとつまみ
薄力粉 30g
アーモンドプードル 15g
ココナッツファイン 15g
ドライパイン 30g

準備
・三温糖はふるう。
・ドライパインは、2〜3回お湯で洗って約15分おく。1.5cm角にカットする。
・上記以外はp.86「フィナンシェ」と同様に準備する。

作り方
1 p.86「フィナンシェ」の*1*〜*5*と同様に作る。ココナッツファインは、薄力粉を入れるタイミングで一緒に入れる。
2 スプーン2本を使って、型に生地を入れる。表面にドライパイン3〜4片と、飾りにココナッツファイン（分量外）をのせる。
3 p.86「フィナンシェ」の*7*と同様に焼く。

紅茶のフィナンシェ

ティーバッグの茶葉を、粉を入れるタイミングで一緒に混ぜるだけで、ふわりと紅茶の香る上品な味わいになります。お茶請けにぴったりです。

材料 直径6×高さ3cmのアルミ型5個分
無塩バター 50g
卵白 65g
三温糖 60g
塩 ..... ひとつまみ
薄力粉 30g
アーモンドプードル 30g
アールグレイのティーバッグ ..... 1個（2g）

準備
・p.86「フィナンシェ」と同様に準備する。

作り方
1 p.86「フィナンシェ」の*1*〜*5*と同様に作る。ティーバッグから紅茶を出し、薄力粉を入れるタイミングで一緒に入れる。
2 p.86「フィナンシェ」の*6*〜*7*と同様に焼く。

ジャムクッキー

見た目もかわいいジャムクッキーです。バターにたっぷりと空気を含ませたクッキーは、くどくなく、さっぱりさっくり食感。きび砂糖（またはグラニュー糖）を使うと、絞りのラインがくっきりきれいに出ますよ。

材料　直径3cm 25枚前後
無塩バター 50g
きび砂糖 20g
卵白 20g
薄力粉 * 55g
すきなジャム ** ..... 適量

* ココア生地は薄力粉48g、ココア7gで作ります。
** フランボワーズやいちご、ママレードがおすすめ。水っぽいものは不向きですが、いろいろ試してみてください。

準備
・薄力粉はふるう。
・オーブンは160℃に予熱する。

作り方
1. **生地作り**　ボウルにバターを入れて、泡立て器でポマード状にする。きび砂糖を加えて軽く混ぜる。
2. 卵白を2回に分けて加えて、ふんわりするまで混ぜる。
   *空気が入らず、ふんわりとしないときは、氷水をあてて冷やしながら混ぜるといいです。
3. 薄力粉を一度に加えて、ゴムベラでしっかり混ぜる(a)。
4. **成型**　8切#6の星口金をつけた絞り袋に生地を入れる。天板にクッキングシートを敷いて、「の」の字を書くように絞り出す(b)。
5. 少し濡らした指で、クッキーの真ん中を押して、底が透けるくらいのくぼみを作る(c)。くぼみにジャムを入れる(d)。
6. **焼成**　160℃のオーブンで約20分焼き、150℃に下げて約5分焼く。裏がうっすら狐色なるまで焼く。
   *ジャムをのせるところの裏は焼き上がりは柔らかくても、冷めるとサクッとします。

Arrange
チョコサンドクッキー

クッキーはさっくり軽い口当たりなので、間にチョコを挟み、2枚重ねてもおいしい。

作り方
クッキーを絞り出したあとに、ジャムを入れるくぼみはつけずに、そのまま焼きあげる。余ったパータグラッセを湯煎で溶かして、クッキーの裏に塗って挟む。

レアチーズケーキ

どんどん混ぜていくだけのかんたんレアチーズケーキです。加える果物は缶詰や家にあるもので気軽に試してみてください。フルーツの分量をヨーグルトに置き替えることもできます。フィラデルフィアのクリームチーズを使いました。

材料 プリンカップ7個分
クリームチーズ 200g
いちご 110g*
（または缶詰のパインスライス ...... 110g）
レモン汁 13g
グラニュー糖* 80g
粉ゼラチン 6g
冷水 18g
生クリーム（乳脂肪分47％） 135g
クランブル ...... 適量
ローズマリー ...... 適量

* 缶詰のフルーツを使う場合は、グラニュー糖を60gに変更してください。

準備
・ボウルにゼラチンと冷水を入れて十分ふやかし、湯煎で溶かす。

作り方

1. フードプロセッサーにクリームチーズといちご、レモン汁、グラニュー糖を入れて攪拌する。
2. 滑らかになったら、溶かしたゼラチンを加えてさらに素早く攪拌する。
3. 生クリームをそのまま加えて攪拌し、液状からホイップ状になったら攪拌するのをやめる。1cmの丸口金をつけた絞り袋に入れて、容器に絞る。
   *パインは途中で果肉（分量外）をアクセントに入れています。
4. 冷蔵庫で1時間冷やして固まったら、クランブルとローズマリーをのせる。

クランブルの作り方

材料 作りやすい分量
アーモンドプードル 30g
無塩バター 30g
薄力粉 30g
きび砂糖 30g
塩 ...... ひとつまみ

作り方

1. アーモンドプードルは140℃のオーブンで5分ローストして冷ます。
2. ボウルにすべての材料を入れて、手ですり合わせる。まとまってきたら、冷蔵庫で冷やす。
3. ぼろぼろと小さなかたまりに分けて、160℃のオーブンで約12〜15分焼く。密閉容器で保存する。

みかんのムースケーキ

みかん缶で作るスポンジを敷いたムースケーキです。あまり生地でもOK。深さのある容器でも作れます。

材料　15cm セルクル型1台分
- シート状スポンジ*（直径16×16cm）……1枚
- シロップ（p.17）……10g
- みかん缶……1缶（総量425g）
- 卵黄……1個
- グラニュー糖……35g（25gと10gに分ける）
- 生クリーム（乳脂肪分35％）……200g（65gと135gに分ける）
- 粉ゼラチン……5g
- 冷水……16g
- ディル……適量

*p.14「スポンジ」をシート状に焼いたもの（厚さ1cm）。余り生地をつぎはぎして敷いてもいいです。

準備
- みかん缶を実とシロップに分ける。
- ボウルにゼラチンと冷水を入れてふやかす。13gと8gに分ける。

作り方

1. **スポンジ準備**　セルクル型に約1cmの厚さのスポンジをカットして敷く。ボウルにシロップとみかん缶のシロップ10gを入れて混ぜ、スポンジに刷毛で塗る。型にぴったりはめておく。

2. **ピュレ作り**　みかんの実は9粒残し、それ以外はフードプロセッサーにかけてピュレ状にする。

3. **ムース作り**　ボウルに卵黄を入れて泡立て器でほぐし、グラニュー糖25gを加えて白っぽくなるまで混ぜる。

4. 小鍋に**2**のピュレ100gと生クリーム65gを入れて、弱火にかける。ふつふつ沸いたら**3**に加えて混ぜる。小鍋に戻して弱火にかけ、約1分半ほど混ぜる。わずかにとろみがついてきたら火からおろす。

5. ふやかしたゼラチン13gを加えて、余熱で溶かしながら混ぜる。氷水のボウルにあてて粗熱をとる。

6. 氷水をあてた別のボウルに生クリーム135gを入れて、8分立てにする。**5**を加えて、ゴムベラで合わせる。**1**に流し込み、冷蔵庫に入れて冷やす。

7. **ジュレ作り**　小鍋にピュレの残り全部とみかん缶のシロップを足して90gにしたもの、グラニュー糖10gを入れて、中火にかける。沸いたらふやかしたゼラチン8gを入れてよく混ぜ、火からおろす。氷水のボウルをあてて混ぜながら冷やす。

8. 固まった**6**の表面に**7**を流し込み、冷蔵庫で1時間冷やす。取っておいたみかん粒とディルを飾る。

＊深さのある容器で作り、スコップケーキにしてもOK。写真は無印良品の深型容器（縦17×横10×高さ7cm）。

ぶどうのゼリーとババロワ

ぶどうジュースを使うゼリーとババロワのケーキです。
ジュースの種類を変えるだけで、味の幅が広がります。

材料 15×18cmの容器1台分
- シート状スポンジ＊（直径16×16cm）……1枚
- シロップ（p.17）……10g
- ホワイトキュラソー……10g ＊水でも可。
- 卵黄……1個
- グラニュー糖……45g（25gと20gに分ける）
- ハチミツ……5g
- バニラオイル……2滴
- 牛乳……70g
- 粉ゼラチン……6g
- 冷水……18g
- 生クリーム（乳脂肪分47％）……170g
- ぶどうジュース＊＊（濃縮還元）……200g

＊p.14「スポンジ」をシート状に焼いたもの（厚さ1cm）。余り生地をつぎはぎして敷いてもいい。

＊＊ 白ぶどう入りの安価な紙パックジュースがおすすめ。ポリフェノールが多い高級なものは不向き。

準備
・ボウルにゼラチンと冷水を入れてふやかす。8gと16gに分ける。

作り方

1 スポンジ準備　約1cmの厚さのスポンジを、型のサイズに合わせる。ボウルにシロップとホワイトキュラソーを入れて混ぜ、スポンジに刷毛で塗る。型に敷いておく。

2 ババロワ作り　ボウルに卵黄を入れて泡立て器でほぐし、グラニュー糖25gを加えて白っぽくなるまで混ぜる。ハチミツとバニラオイルを加えて混ぜる。

3 小鍋に牛乳を入れて中火にかける。鍋肌がふつふつとしてきたら、**2**に加えてよく混ぜる。

4 小鍋に戻して弱火にかけ、約1分半ほど混ぜる。わずかにとろみがついてきたら火からおろす。

5 ふやかしたゼラチン8gを入れて余熱で溶かしながら混ぜる。氷水のボウルにあてて粗熱をとる。

6 氷水をあてた別のボウルに生クリームを入れて、7分立てにする。**5**を加えて、ゴムベラで合わせる。**1**に流して、冷蔵庫に入れて冷やす。

7 ゼリー作り　小鍋にぶどうジュースとグラニュー糖20gを入れて、中火にかけて混ぜる。沸いたら火からおろし、ふやかしたゼラチン16gを入れて余熱で溶かす。氷水のボウルをあてて混ぜながらしっかり冷やす。

8 固まった**6**の表面に**7**を流し込み、冷蔵庫で1時間冷やす。

＊お好みでデラウエアや巨峰などを飾ってください。
＊今回のレシピは野田琺瑯で作りました。同じ容器で作ると写真のようにきれいな3層になり、味のバランスもよくて、おいしいです。

オーブンのヒント

オーブンにより、お菓子の焼きあがりは少し変わります。型に流し込むところまではうまくいっていたと思ったのに、上手に焼きあがらなかったときは、もしかしたらオーブンに原因があるのかもしれません。自分のオーブンにどんな特徴があるのか、メーカーの説明書を改めて読んだり、焼きあがりについてメモをとってみると、傾向がつかめてくると思います。
電気オーブンとガスオーブンそれぞれに、長所・短所があるように感じています。ここでは、上手に焼くためのヒントをお伝えします。
＊本書では電気オーブンを使用しています。

種類
・基本的に上下熱とコンベクション（熱風循環）の2種類。

特徴
・熱のあたりがやさしいため、水分があまり抜けずにふっくらと焼きあがる。
・機種や季節によって焼きあがりが変わることが多く、微調整が必要。
・基本的に予熱に時間がかかる。予熱後オーブンを開けたときに温度が一気に下がりやすい。
・上下熱は側面への熱のあたりが弱い。
・コンベクションはまんべんなく焼けるが、詰まった焼き上がりになることもある。
・上下熱は1段しか焼けないことが多いが、コンベクションは2段焼ける。

種類
・基本的にコンベクション（熱風循環）のみ。

特徴
・ガスオーブンは強く安定した火力で、クッキーなどが一度にたくさん焼ける。
・予熱時間が短く、庫内温度も安定している。
・火力が強いので、水分が抜けやすく、焼き面が厚くなったり、生地が乾燥したりしやすい。
・生地が乾燥しすぎないように、お湯を張ったボウルを入れたり、焼成温度を下げたり、焼成時間を短くしたりするといい。
・スポンジのときは、焼き面が厚くなりすぎないように、焼成前の生地の表面に霧吹きするとよい。

焼くときのコツ

1 季節によって微調整を

オーブンの焼成時間は機種や季節によって異なります。まずは室温がどのくらいなのか確認してください。それを基に、レシピ内に書かれている焼成温度と時間を目安に、温度を10℃上げ下げしたり、焼成時間を2分前後調整したりしてください。予熱は早めにするといいです。冬は予熱の温度をレシピより10℃上げて、焼くときにレシピの温度に合わせるなど工夫してください。

2 焼成途中に向きを変える

オーブンは庫内の温度に差があるため、お菓子の位置によって、色ムラができてしまいます。均一に焼くためには、場所や向きを変えて焼いてください。マフィンやカップケーキ、シート生地などは、向きをこまめに変えると上手に焼けます。

3 オーブンの下段に入れる

本書では上下の2段、または上中下の3段あるときは下段に入れて焼いています。メーカーによっては中段を推奨しているものもあるので、説明書をよく読んでください。また、予熱で「1段」「2段」など選べるときは、「2段」を選んで予熱してください。

こんなときはどうする？

焼きあがった生地がひどく陥没してしまった！
↓
生焼けのサインです。次に焼くときは、焼成時間を少し長く、または焼成温度を10℃高くしてみてください。

生地がパサついている
↓
焼きすぎが原因だと思われます。次に焼くときは、焼成時間を少し短く、または焼成温度を10℃低くしてみてください。
パサついているスポンジには、シロップ（p.17）を同量の水やリキュールで割ったものを全体に塗ってラップで包むと、スポンジの柔らかさが戻って乾燥も防げます。

中央が盛り上がってしまう
↓
サイドへの熱のあたりが強いため、側面が先に焼けて、中央があとから膨らんでいるのだと思われます。温度を下げるか、1枚の新聞紙を1/2折りにしてさらに3つ折りにしたものを水で濡らし、型の周囲に巻いてホチキスで固定すると、側面への熱のあたりを弱められます。

佐藤弘子（さとうひろこ／栄養士・製菓衛生師）

マドレーヌお菓子教室主宰。
土曜日だけの玉川上水のぷりん屋のかたわら、「madeleine」の屋号で、菓子製造、商品開発を行う。著書に『ほんとうにおいしい生地でつくるドーナツレシピ77』『ほんとうにおいしい生地でつくるチョコレートレシピ』（ともに朝日新聞出版）がある。

本当においしい生地作り
madeleine お菓子教室の作るのが楽しくなる洋菓子レシピ54

2017年9月1日　初版第1刷発行
2017年10月20日　初版第2刷発行

著者	佐藤弘子
発行者	滝口直樹
発行所	株式会社マイナビ出版
	〒101-0003
	東京都千代田区一ツ橋2-6-3 一ツ橋ビル2F
	TEL 0480-38-6872（注文専用ダイヤル）
	03-3556-2731（販売）
	03-3556-2736（編集）
	E-MAIL pc-books@mynavi.jp
	URL http://book.mynavi.jp
印刷・製本	図書印刷株式会社

Staff
デザイン／高市美佳
写真／福尾美雪
スタイリング／佐々木カナコ
イラスト／寺坂耕一
校正／西進社
編集／脇洋子（マイナビ出版）

【注意事項】
・本書の一部または全部について個人で使用するほかは、著作権法上（株）マイナビ出版および著作権者の許諾を得ずに無断で複写、複製することは禁じられております。
・本書についてご質問等ございましたら、上記メールアドレス宛にお問い合わせください。インターネット環境のない方は、往復はがきまたは返信用切手と封筒を同封の上、（株）マイナビ出版編集4部書籍編集1課までお送りください。
・落丁・乱丁についてのお問い合わせは、TEL:0480-38-6872（注文専用ダイヤル）、電子メール :sas@mynavi.jp までお願いいたします。
・本書の記載は2017年8月現在の情報に基づいております。
・本書中の会社名、商品名は、該当する会社の商標または登録商標です。
・本書は卵、牛乳、小麦等アレルギー物質を含む食品を使用したレシピを掲載しております。実際に作る際には、レシピをよくご確認のうえご利用ください。
・定価はカバーに記載しております。

ISBN978-4-8399-6194-7 C2077
ⓒ madeleine 2017
ⓒ Mynavi Publishing Corporation 2017
Printed in Japan